1968
O tempo das escolhas

Catarina Meloni

1968
O tempo das escolhas

NOVALEXANDRIA

© *Copyright*, 2009 – Catarina Meloni

Todos os direitos reservados.
Editora Nova Alexandria.
Av. Dom Pedro I, 840
01552-000 São Paulo SP
Fone/fax: (11) 2215-6252
E-mail: novaalexandria@novaalexandria.com.br
Site: www.novaalexandria.com.br

Coordenação editorial: Zenir Campos Reis
Revisão: Lucas Puntel Carrasco
Capa: Lúcio Kume
Editoração Eletrônica: Eduardo Seiji Seki

Dados para catalogação

Meloni, Catarina
　　1968 – O tempo das escolhas / Catarina Meloni. – São Paulo : Nova Alexandria, 2009.
　　134p.:

　　ISBN 978-85-7492-187-7

　　1. história do Brasil – Ditadura Militar (1964 – 1985). 2. Biografia 3. Exílio

CDD: 869.4B

Índice para catalogação sistemático
027 – Bibliotecas gerais
027.7 – Bibliotecas universitárias
028 – Leitura. Meios de difusão da informação

Em conformidade com a nova ortografia.
Nenhuma parte deste livro pode ser reproduzida sem a autorização expressa da Editora

Prefácio

Os sonhos e o feijão

No tumulto e na paixão de 1968 nos encontramos nas ruas de São Paulo, nas reuniões do Conjunto Residencial da Universidade de São Paulo, nas casas de amigos e companheiros. Eu, vice-presidente da União Nacional dos Estudantes na gestão de Luiz Travassos. Ela, única remanescente da diretoria do próprio Travassos na União Estadual dos Estudantes. Passeatas, repressão, reuniões infindáveis, brigas, muitas brigas. E a cabeça e o coração cheios de sonhos generosos.

Apegados à letra de uma lei não escrita, os dirigentes das organizações de esquerda nos levaram (e nos deixamos levar) a um beco sem saída. A confusão entre o que era grupo político-partidário e o que era entidade representativa quase leva a um racha irremediável na UEE-SP. Nossa fidelidade nos fazia quixotes e brancaleones. E ninguém foi mais fiel que ela. Discordava — talvez timidamente — mas ia em frente. Subia nos ônibus para discursar para os gatos pingados que nos seguiam e para os transeuntes espantados. Cumpria seu dever e suas tarefas. Se arriscava diariamente indo — já perseguida pela repressão — às salas de aula para discutir as propostas com os estudantes. Recebia a ironia machista de adversários e até de correligionários. Mas ia em frente.

E foi. Lutas, prisão, tortura, exílio, a difícil volta.

Mas, se houve uma marca maior daqueles anos turbulentos e tenebrosos, foi a marca do sonho. Ela, como tantos, sonhava com um Brasil diferente. Queria, como tantos, rasgar a ditadura como um papel sujo. Palavras como liberdade e justiça circulavam com o sangue nas veias dela e da juventude brasileira da geração 68. Este sonho criou uma nova mulher. Que, no entanto, já estava dentro da menina do interior, vinda de uma família em que o valor maior era o trabalho.

Agora, o feijão. Aqui, não é a metáfora famosa de Orígenes Lessa, contrapondo o sonho do escritor com a necessidade da sobrevivência. De sobrevivência trata boa parte do livro: ela conta tão bem o que é ressuscitar da prisão, da perda de companheiros queridos, do exílio, da busca incessante de trabalho para construir uma família na adversidade, da volta a um país diferente e às vezes hostil.

Aqui se trata do sonho da militante e do feijão da escritora. Ela volta e meia cita o poema de João Cabral de Melo Neto: "Catar feijão se limita com escrever". A mulher de fibra, forjada no tumulto, volta-se para trás para catar palavras e pedras e construir um depoimento vivo, íntimo, comovente. Buscando, com João Cabral, "a pedra que dá à frase seu grão mais vivo; [...] açula a atenção, isca-a com o risco".

Não é um documento histórico nem memorialístico. Não tem datas nem teorias nem citações nem nomes. Mas pulsa de vida e de pensamento. Seu texto tocante é coisa de que precisamos para repensar os sonhos de 68 e o pesadelo de depois. Ando meio cansado de análises teóricas em que as pessoas não se colocam, de "memórias" que só querem exaltar o escrevinhador. Falta por aí, como em tudo, o toque da mulher, mais atenta aos detalhes, mais generosa, mais voltada para a criação e mais grávida de futuro. Um toque como o deste livro.

Leio o livro, saboreio — às vezes com um nó na garganta — o feijão feito de belos sonhos e de bruta realidade que Catarina

Meloni nos serve. Fecho os olhos e revejo a militante num discurso, em cima de um ônibus, perto da praça da República. Me lembro com afeto daquela mulher grande de mãos grandes e voz mansa. E da doçura, que ela não perdia jamais, mesmo quando forçada a ser dura. Uma grande mulher.

Luiz Raul Machado

O tempo das escolhas

1

Vai longe o ano de 1968, pelo menos para nós que o vivemos, já que agregamos esses mesmos anos à nossa própria idade. Mas não parece, pois os fatos ainda estão todos aí, revirando-se de um lado para outro, pouca luz sobre os acontecimentos, muitas interpretações. Muitos de nós têm a lembrança permanentemente povoada de seres e fatos do passado, e estes, quem sabe, podem ser libertados pela via da palavra, rompendo longos anos de silêncio.

Serão mesquinhos esses fatos? Talvez. Ou estão encerrados em mentes mesquinhas. Os fatos, antes de serem História, são histórias a serem contadas. Pessoas que estiveram lá contam essas histórias, não raro fazendo girar à volta de si mesmas os acontecimentos, não para explicá-los ou, pelo menos, enunciá-los, mas para justificar-se frente à História pelo rumo que as coisas tomaram nas décadas seguintes.

Muitos escolheram ícones das figuras daquele tempo para reconhecer-se como seres históricos e reconhecer os tempos em uma cara ou nome. É Santa Luzia segurando um prato com dois olhos dentro, ou São Roque, protetor contra cachorro louco, cercado de cães. O mascate vinha ao sítio de meu pai carregando, entre outras coisas, tais ícones. Tão bonita Santa Luzia, rosto de mocinha nova, olhos levantados para o céu, o prato na mão direita, uma palma na mão esquerda. Quando a tempestade caía muito forte, na casa sem para-raios, cercada de árvores, minha mãe queimava um raminho de palma benta. Para Santa Luzia proteger o mundo, que era nossa casa.

Assim são os ícones. Trazem embutido o sentido da própria existência. Santa Luzia, protetora dos olhos; São Roque, invocado em agosto, mês de cachorro louco. São bonitos e cheios de significados, mas sem muitas surpresas.

Falar sobre o passado, à luz dos ícones, pessoas cristalizadas, tem pouco proveito. A pronta decodificação empobrece os significados, e o texto fica caudatário de nomes. A interpretação toma o lugar do fato.

O próprio cronista pode ser um dos nomes, e se o crédito, sob o artigo de jornal ou na orelha do livro, informar por exemplo que ele era "desempregado forçado em 68", isso deverá ser lido como uma informação essencial. É preciso estar atento e descobrir que, entre outras possíveis coisas, essas poucas palavras dizem:

— Eu também estava lá, vou trazer ao seu conhecimento, leitor, certas informações que nunca ninguém lhe deu, porque eu tenho o dado miúdo, que tudo explica, e lendo-me os fatos lhe falarão por si.

Aquele foi um momento peculiar na vida brasileira, com grandes manifestações em todo o país e desdobramentos que foram muito além do que naturalmente suporia qualquer das partes envolvidas. Tais desdobramentos até hoje nos deixam atônitos. Muitas vezes é preciso fazer um disciplinado exercício de memória para encontrar os seus começos.

Além disso, é preciso pensar no momento seguinte, no vazio criado, pouco ou nenhum resultado positivo alcançado, prisão das lideranças no Congresso de Ibiúna, clandestinidade, perseguições, ações armadas, sequestros, exílio político, as limitações impostas aos que permaneceram, a tristeza, a solidão, o medo e a impotência dos familiares. Quando começou o ano letivo de 69, o país já não era o mesmo, era impossível não sentir o peso das ausências em cada lugar.

Dez anos depois, com a vigência da anistia, os exilados começaram a retornar. Para os resistentes que tinham permanecido no país, a verdadeira luta tinha sido travada por eles aqui dentro. Quem chegava tinha festa no aeroporto e o nome publicado no jornal. Mais tarde, essas pessoas sentiriam dificuldades de recomeçar naquela sociedade já tão diferente, e competir, no debate de ideias e no mercado de trabalho, em desigualdade de condições com gente bem mais nova e adaptada aos tempos. O país tinha mudado, as ideias eram outras, as caras não eram as mesmas. Inútil procurar os amigos entre o pessoal de vinte anos. Era preciso recomeçar e competir com gente dez anos mais nova, buscar espaço. E frequentar os encontros de família, bater papo, tentando não ser mero alvo da curiosidade alheia, seres meio folclóricos, presos na arapuca do tempo.

Afinal, o registro guardado nas memórias ressaltava que aquela fase era parte da História do país. Pelo menos a população urbana mais esclarecida e com acesso aos meios de comunicação não estivera alheia aos acontecimentos, havia sido compelida a ficar, necessariamente, de um dos lados, já que o conflito esteve sempre presente

1968 foi um faiscar da História, um momento de dez, vinte anos que, de certa maneira, perdura até hoje. Os jovens ali envolvidos empenharam tudo de si. Foi um ato de entrega momentânea e apaixonada. Com os olhos postos no futuro caminhamos de mãos dadas, coração batendo na boca. Íamos criar um novo país, com justiça social e liberdade. Os projetos pessoais podiam ser interrompidos porque a causa era justa e necessária. Depois seriam retomados quando a sociedade nova já estivesse instalada, sem generais governando, sem agentes policiais infiltrados, sem diretores onipotentes nas escolas. Seis meses, um ano ou dois. Todo o país se levantaria numa grande aliança entre operários, estudantes e camponeses para criar a nova ordem social. Todos os irmãos se reconheceriam, as fortunas acumuladas e as terras seriam divididas. Em vez da propriedade concentrada em poucas mãos, o bem geral, o coletivo. Escolas, hospitais e moradias seriam para todos. Onde houvesse um casarão, haveria grupos de famílias desfrutando do bem-estar perversamente sonegado à maioria durante séculos.

Sobraram nomes, fotografias, recordações; muitas histórias a serem contadas às gerações seguintes, mas um certo pudor de contá-las — pois as perdas sofridas com as perseguições, tortura, mortes, terror, não só sobre nós, mas sobre nossas famílias, amigos e conhecidos — pareciam bem maiores do que os ganhos. Aquele foi um momento de luta política entre forças desiguais, com radicalização crescente do Estado, na tentativa de aplacar contradições entre grupos no poder. A sociedade estava descontente com o autoritarismo. Intelectuais de todos os pontos do país, quantidades significativas de estudantes secundaristas e universitários, assim como parcelas do clero sentiam que o momento era de definição de rumos e que a própria sociedade deveria se empenhar para chegar a bom porto. Isso era feito através de grupos de alfabetização, teatro popular, encontros de jovens, cinema nacional, órgãos de representação de trabalhadores e estudantes, enfim, os mais variados meios de manifestação e organização dos diferentes segmentos sociais. Os que detinham o poder, no entanto, não nos olharam como forças vivas da sociedade. Eles nos trataram com canhões e baionetas, emboscadas, tortura, fuzilamento. Nos perseguiram e caçaram com as armas e os meios mais eficazes. Em vez de encarar a crise da sociedade naquele momento de transição em que uma nova ordem se fazia necessária, os do poder tacharam os que se manifestavam como inimigos do país. A luta política foi sufocada por medidas truculentas, o embate derivou para o confronto direto e os mandões do momento se jactaram de terem salvado o país das garras do comunismo. Os estudantes não se sentiram vitoriosos, pois não ficou nenhuma conquista material que pudesse ser ostentada como trunfo de batalha e que superasse os sacrifícios pessoais de perda do ano letivo, perturbação do andamento normal dos estudos, sofrimentos e perda de liberdade e até de tantas vidas.

Durante muito tempo, a memória ficou soterrada, pouco foi escrito e falava-se pouco sobre os acontecimentos. Muita gente pensava que era melhor deixar os mortos descansarem em paz, pondo uma pedra sobre o assunto. Cultivou-se uma certa dissimulação na convivência social e familiar como se, evitando falar sobre aqueles eventos, o passado pudesse ser mudado ou esquecido, quando na verdade a única maneira de se compreender e reciclar o ocorrido é atualizá-lo pela via da palavra.

O distanciamento necessário para descrever com serenidade os acontecimentos ainda hoje é difícil. Os anos passam, a distância no tempo aumenta, mas a parcialidade e o localismo persistem. No máximo, cada um quer falar sobre a sua experiência, a sua participação, os seus sentimentos, ressaltando pessoas e eventos dos quais esteve próximo e cultivando o pitoresco, a piada: aquilo tudo, afinal, foi coisa de juventude, maluquices inconsequentes que não combinam com a idade atual dos participantes. Outros cultivam a dor, trazem no peito uma ferida mal cicatrizada, que volta a sangrar ao menor toque; tudo se resume a um profundo sofrimento, à perversa certeza de que somos apenas uns perdedores. E o resto, é como se o resto não tivesse existido.

A censura, a escuta, a vigilância cerrada exacerbaram a autocensura, o autocontrole de consciência em cada um. E o pior de todos os resultados desse processo castrador da criatividade, da imaginação e da ousadia foi a aceitação de atitudes depreciativas a respeito dos sonhos do passado. Empregaram-se pejorativos como porra-louquice, festividade, vacilação, direitismo, esquerdismo, infantilismo e outros para rotular ações sobre as quais havia medo ou vergonha de se falar honestamente e em profundidade. A aparência tomou o lugar da sinceridade.

No início dos anos 1990, se alguém em uma roda, trazia de volta o assunto, não faltava quem, ostentando um infalível ar de *modernidade*, para usar a linguagem da época, exclamasse, debochado:

— Nossa, como vocês são velhos! Falam de coisas tão antigas!

O mesmo parece não ter acontecido com as novas gerações nascidas durante a ditadura e logo depois. Estes demonstravam curiosidade e interesse em conhecer um momento da história cujos protagonistas foram seus tios, amigos de seus pais e até vizinhos. O silêncio e o retraimento de atores e plateia daquele espetáculo aparecem como um enigma para eles que vivem no mundo da comunicação e da informação.

Certos aspectos do movimento nacional de então e o imaginário de boa parte daquela geração, que vivia em si mesma o conflito da transição de uma sociedade que ansiava por tornar--se urbana, sem saber como, foram componentes dos eventos de 68 e seus desdobramentos.

Os líderes daquela época ganharam uma imagem de mártires ou malucos, como se fossem pessoas socialmente desgarradas, sem amor à vida e ao próximo. Nada mais injusto, se se pensa no conjunto. Tal imagem foi fabricada pelo regime opressor e por certos meios de comunicação que o apoiavam e eram garantidos por ele. A mobilização e a luta refletiram o desagrado da sociedade em relação aos rumos propostos pelos governos autoritários, e os líderes eram reconhecidos e respeitados em seu meio. O confronto foi desigual e a radicalização sem trégua do regime criou a situação limite. Sua hostilidade, força bruta e propaganda maciça foram instrumento de silenciamento e separatismo social.

O idealismo, o altruísmo e a aventura foram marcas daquela geração que acreditava que podia mudar o país, reavivar a cena política sufocada desde 1964 e opinar sobre rumos nas mais variadas áreas. Para fazer justiça verdadeira, seria preciso

O TEMPO DAS ESCOLHAS

abrir aqui um amplo leque, em que todos, e não apenas os líderes, coubessem. Então, falaríamos dos companheiros de escola, das famílias, das expectativas e emoções que despertaram em suas distantes cidades, das pessoas que, mesmo por um momento, sentiram orgulho de saber que um seu igual, alguém ali da cidade ou do bairro, destacava-se como liderança e, com isso, projetava o nome de todos com os quais tinha convivido. Por esse meio, cada um sentiu-se representado num cenário bem mais amplo, às vezes até nacional, por alguém que pouco tempo antes era um anônimo. Era uma forma de participar, sentir-se perto de alguma forma de poder. O desejo de sentir-se representado avassalou as consciências. E falaríamos dos sonhos, dos planos e do lugar vazio que deixaram e que nunca ninguém viria a preencher. E os pais daquela gente toda, irmãos, colegas de infância e de juventude, e dos filhos, que vieram depois, muitos criados pelos avós.

Comparar, como algumas vezes se tem visto, o que houve aqui com o Maio de 68 europeu não é suficiente e nem muito apropriado como regra geral, pois as motivações eram muito diferentes lá e aqui.

Depois da dispersão total das manifestações de rua, o cenário se radicalizou, as lideranças ficaram marcadas e não havia mais como fazer as coisas voltarem ao seu estágio inicial.

Em 66 e 67, como ocorreria depois em 68, também houve manifestações, lideranças e palavras de ordem; os eventos políticos puseram-se na ordem do dia, as palavras nas assembleias e nas ruas foram radicais, a massa agitou-se em grandes passeatas; a repressão atuou para coibir a livre manifestação, mas houve uma diferença, pois, em 66 e 67, as coisas tenderam à finalização. Depois que as manifestações refluíram, cada um voltou à sua condição inicial, eram estudantes de novo. Mesmo os líderes mais notórios retornaram às suas escolas e puderam continuar alimentando o sonho de, em algum tempo mais, serem profissionais nas respectivas carreiras.

Em 68 não foi assim. Quando o ano terminou, havia o AI-5 e outras leis de exceção, além das práticas repressivas acobertadas. Por outro lado, os movimentos de rua haviam chegado à exaustão. O cansaço e o desgaste decorrentes de sucessivos confrontos e excessivas convocações para as ruas criavam sentimentos contraditórios nos participantes mais diretos e até nos que ficavam mais ou menos como espectadores. Era difícil compreender a gama de sentimentos gerados, principalmente depois que a situação se radicalizou e o confronto direto e armado substituiu as palavras e as ações defensivas. Ao invés de se fortalecerem com o tempo e se firmarem como nomes alternativos na política nacional, como seria o esperado, os líderes nacionais, e muitos locais, desapareceram da noite para o dia, e aquilo que se chamava "a massa" ficou na completa orfandade. Esse desaparecimento acarretou fantásticas contradições afetivas como a perplexidade, o medo e o desamparo. Por mais estranho que possa parecer, acarretou um certo alívio. O movimento de massas, antes tão vigoroso, estava esgotado; as pessoas, cansadas e com medo, queriam retomar suas atividades, sem sustos nem sobressaltos.

Até 68 os líderes eram vistos como representantes de correntes políticas no movimento estudantil e nessa condição eram solicitados para interpretar o momento em reuniões e assembleias. Dessa forma, atuavam como elementos aglutinadores, capazes de estabelecer laços entre determinada parcela de estudantes e o rumo geral do movimento estudantil, que não era um bloco monolítico. O movimento estudantil aglutinava visões diferenciadas sobre os alvos de contestação e as formas de proceder, já que nem todos enxergavam a sociedade brasileira e o momento que vivíamos da mesma maneira. Além disso, o modelo de sociedade futura presente nos sonhos de cada grupo não era exatamente o mesmo. Outro fator diferenciador estava no papel a ser desempenhado pelas diferentes forças que compunham a sociedade, entre estas, os estudantes e os intelectuais.

Era natural ver chegar a uma escola uma liderança de outra para participar de uma assembleia ou de uma reunião de diretoria de centro acadêmico. As presenças eram solicitadas ou oferecidas com antecedência e os debates, agendados. Às vezes era preciso viajar a noite inteira para estar de manhã no local combinado. A chegada das lideranças criava certa euforia, havia expectativa pela presença de alguém da UNE ou da UEE, ou mesmo um estudante enviado como representante, já que este falaria expondo a orientação geral. Agitavam-se partidários e opositores. Uns para dar apoio ao visitante, outros para criar-lhe apertos e dificuldades. As reuniões de estudo e os debates podiam estender-se durante dias, geralmente sob o patrocínio dos interessados no debate.

Isso feito assim não durou indefinidamente. Vários fatores apressaram a entrada em cena de novas circunstâncias, entre eles o novo conceito de Segurança Nacional que mandava vigiar e reprimir qualquer forma de organização, reunião e debate. Também o ideário de cada grupo político de esquerda a que se vinculavam as lideranças foi se tornando mais elaborado e cobrava comportamentos consequentes e atenção redobrada com as normas de segurança pessoal e coletiva. Como era um movimento aberto e qualquer estudante que desejasse podia participar, ficava muito fácil para a polícia infiltrar seus agentes e informantes

As divergências entre os grupos, antes do final de 68, tinham como pano de fundo a busca da hegemonia ou, pelo menos, predominância, e a concepção sobre o papel a ser desempenhado pelo movimento de massas urbano. Uns achavam que quanto mais gente fosse à rua e por mais tempo, melhor: uma manifestação atrás da outra, uma assembleia atrás da outra, atividade febril, sem parar um momento. As lideranças eram o fermento da massa. Outros estavam mais interessados em identificar quadros que futuramente atuassem no cenário político nacional como expoentes estudantis ou intelectuais. Para estes, o movimento de massas tinha um significado, pois expressava o descontentamento geral, mas lhe faltava finalidade e consequência histórica, na medida em que se tratava de um segmento populacional não diretamente vinculado à produção, não tendo, portanto, força política para alçar-se como agente modificador da relação de poder na sociedade. Outros, ainda, faziam por limitar as manifestações políticas, pois achavam que elas eram não só ineficazes como até perniciosas. Para estes últimos, em vez de empenhar-se em manifestações políticas, os estudantes deviam dedicar-se a buscar soluções para seus problemas específicos, como a melhoria da qualidade de ensino, a instalação de um bebedouro e assim por diante. Os estudantes, segundo tal concepção, ficariam em mobilização permanente nas escolas, organizados em pequenos grupos.

As discordâncias em si poderiam não ter sido fatores de desagregação, desde que pudessem existir como embate de ideias voltadas à causa maior do retorno do país ao estado de direito, com eleições diretas em todos os níveis e outras aspirações de caráter nacional e democrático. Mas nem itens tão gerais serviam de ponto de união para as múltiplas tendências. Além do mais, não havia no país tolerância para permitir a existência de ideias que questionassem o regime, como ocorria nas sociedades democráticas. A intransigência política sobre os segmentos desejosos da livre manifestação criava o inconformismo, a crítica permanente e a recusa em bloco de tudo que viesse da parte do governo, já que sua marca determinante era o autoritarismo. Mas essa falta de tolerância, pelas condições criadas, não se limitou a existir como comportamento dos que detinham o poder político no momento. Como uma praga incontrolável, terminava por se manifestar de alto abaixo na sociedade e, consequentemente, nos próprios grupos de esquerda, como forma de autodefesa, já que era preciso redobrar os cuidados com a segurança, impedindo a infiltração de agentes inimigos em suas fileiras. Não era incomum circularem boatos sobre pessoas, colocando em dúvida sua confiabilidade. Desconfiança e insegurança andavam juntas.

Para explicar atitudes autoritárias nos comportamentos dos partidos de esquerda naquela época, não é suficiente utilizar-se o rótulo já desgastado da "intolerância stalinista contra as dissidências não-comunistas", que coloca de um lado o Partidão e de outro, todos os demais, no grande bloco da esquerda. Seria uma maneira esquemática e simplificadora de enxergar aquele momento de profunda falta de ordem e hierarquia nos meios pensantes.

A falta de ordem tinha origem na grande quantidade de novos segmentos que se incorporavam; era gente vinda de todas as partes, sobretudo jovens, que desejavam dar-se o direito de fazer parte de grupos de vanguarda. Vinham da classe média urbana, mas nem todos. Havia os que não eram ainda bem urbanos. Queriam parecer urbanos, na medida em que os agentes sociais pressionavam para valorizar a cidade como o lugar onde tudo acontece, e estar na cidade e, mais do que isso, ser da cidade, conferia mais *status* do que aparecer como sendo do campo, ou melhor, da roça, pois não se trata aqui de ser fazendeiro, mas sitiante, gente que pegava duro no trabalho pesado para garantir a subsistência da família. A essa gente toda faltava um certo verniz político que outros possuíam. Era gente que não tinha tido políticos, intelectuais, nem cientistas entre seus ascendentes, mas apenas trabalhadores, em geral filhos ou netos de imigrantes. A geração que despontava era a primeira a sentir-se verdadeiramente brasileira, deixando de lado dificuldades culturais como a convivência racial e a língua.

A ausência de hierarquia não era absoluta. A intelectualidade brasileira — situada prioritariamente nas grandes cidades, ocupando postos nas universidades, no Estado, nos meios de comunicação então existentes, nos organismos internacionais — se reconhecia como tal. Havia uma espécie de tradição social hereditária que garantia que as vagas para estudantes nas escolas mais tradicionais e de maior prestígio, como a Politécnica ou as de Medicina, seriam preenchidas, na sua grande maioria, por gente do ramo. Os cursos de maior projeção social e profissional já tinham público garantido. Isto ocorria também com a parcela pensante. A elite intelectual frequentava ambientes sofisticados e, historicamente, usufruía do direito do acesso aos homens do poder, da convivência com pensadores de outras partes do mundo e da possibilidade de viajar à Europa e Estados Unidos. Esse autorreconhecimento gerava a ordem hierárquica. Com a entrada em cena de gente estranha ao meio, gente desconhecida, quase anônima que, baseando-se no esforço pessoal e no atrevimento, estava agora nos ambientes intelectuais como universidades, teatros, bibliotecas, cinemas, considerados seletos até então, muita coisa viria a mudar. Entrava sem pedir licença e, com isso, quebrava a ordem hierárquica tradicional.

Nos debates feitos nas escolas, a não ser que eles estivessem iluminados pelos holofotes da imprensa, a ordem geral dos opositores era a ausência e o silêncio, para esvaziar as propostas de trabalho dos adversários.

2

Há muitas maneiras de sair da casa dos pais: vai, filho, estuda e volta, teu lugar está garantido. Mando mesada todo mês.

Seríamos todos assim?

A busca da profissão podia ser feita sob o manto protetor de um pai doutor, ou como meio de fugir à fatalidade de um destino traçado há muitas gerações, ou mesmo à revelia da família. O mundo e o país se transformavam. Os velhos modelos atravancavam a vida. As cidades começavam a crescer num ritmo nunca visto entre nós. A onda migratória aumentava a cada dia e o país precisava de novas e boas ideias para pensar um futuro que em breve bateria às portas. Ir às ruas, manifestar-se,

O TEMPO DAS ESCOLHAS

organizar-se, expressar-se politicamente, alguns setores tentaram historicamente praticar essas coisas, e naquele período também aconteceu. Para uma parcela dos estudantes da época já não parecia suficiente conquistar uma vaga na universidade, estudar para obter um diploma. Cada um devia ver-se como ser social ao qual estava reservada a tarefa de pensar primeiro nos outros, depois em si.

Até nos namoros essa situação interferia. Era preciso amar alguém com os mesmos ideais de criação de um mundo mais justo, sem repressão e com igualdade social. As opções iam ficando mais limitadas com o passar do tempo porque o engajamento revolucionário pedia maiores compromissos e faltava liberdade. Como amou aquela juventude? Amou vestida e calçada, às pressas, dividindo os sentidos entre o prazer e a atenção ao que vinha de fora. Era preciso estar atentos às emboscadas do inimigo e aos seus agentes infiltrados.

3

Certos Serviços de Segurança disseram muitas coisas de nós: teleguiados de Moscou, traidores da pátria, guerrilheiros, extremistas, massa de manobra, subversivos. Afixaram cartazes com fotografias, falaram de alta periculosidade, para mostrar à população que devíamos ser temidos. Esse trabalho teve seu resultado: o medo se generalizou. Medo não propriamente de nós, mas do que vinha atrás de nós. Fomos banidos do convívio social, perdemos a possibilidade de dar, digamos assim, a sequência natural às nossas vidas e passamos a viver de forma muito peculiar, sem moradia fixa, em casa alheia, sempre chamados por nomes de guerra. Já não éramos cidadãos. Tornamo-nos fugitivos, pessoas desgarradas socialmente. Fugíamos da família, dos conhecidos, dos amigos, para não pôr em risco a vida deles e a nossa. Éramos chamados por outros nomes que não os nossos, vivíamos entre desconhecidos, desempenhávamos atividade profissional marginal e, principalmente, varremos o passado de nossas mentes. Tivemos que esquecer pessoas, acontecimentos, amizades, nomes e endereços; assumir uma história postiça de vida; deixar de lado nossa maneira de ser; ver o mundo de um outro jeito.

Terá tudo isso existido realmente? Como se deu e por quê? Em primeiro lugar convém perguntar: quem éramos nós? Será que existia um Nós? Seríamos uma coletividade? Os ativistas, ou revolucionários, talvez? Mas o que garantia tal unidade, se é que ela existia?

É difícil imaginar a existência desse Nós, dessa coletividade revolucionária. Existiram a amizade entre pessoas, a solidariedade, o apoio mútuo, mas dentro de grupos limitados, porque não fazíamos vida social e não tínhamos tempo a perder. Aconteceram casamentos ou concubinatos, era assim que a polícia gostava de chamar, como no meu caso. Antes de ser enviada para o presídio feminino, após retornar do exílio em 1978, dias e noites passei por interrogatório intenso e vexatório. Não que fosse vexatório em si alguém ser submetido a um interrogatório político. O constrangimento vinha da situação criada. Eu tinha voltado ao país por livre determinação, tinha chegado com minha família constituída havia dez anos e as crianças tinham respectivamente 4 e 5 anos. Declarei meu endereço anterior, aceitei viajar com um passaporte temporário em voo sem escala até o Rio de Janeiro e estava alojada na casa de familiares conhecidos. Fui chamada a São Paulo por telefone por uma singela voz que me pedia para comparecer à Polícia Federal da rua Piauí para "prestar declarações de rotina". Fui detida, permaneci incomunicável, sem a presença de advogado, submetida a interrogatórios que duravam de manhã à noite em sala aberta com um investigador e um datilógrafo, e às altas horas da noite era levada para uma saleta de janelas e porta fechadas, onde sofri todo tipo de ameaça. No dia seguinte o interrogatório aberto recomeçava, não de um ponto novo, mas do mesmo do dia anterior. E assim foi, um dia depois do outro, uma coisa sem começo nem fim, feita para deixar a pessoa maluca. Perguntei ao meu inquiridor por que procedia assim, e ele me respondeu, com voz suave e atitude de aparência quase pedagógica, que não era nada demais, estavam apenas confrontando as informações dos meus depoimentos com as outras que já constavam dos arquivos. Era assim, tão simples.

Enquanto isso, meus filhos, que nunca tinham ficado longe de mim, a cada instante perguntavam onde estava a mamãe e a que horas ia voltar. No exílio, apesar das dificuldades, minhas crianças viviam felizes e tinham sua rotina de brincadeiras, escolinha e convivência familiar. A volta ao "lar" trouxe traumas e medo.

Durante os interrogatórios tinha de olhar álbuns de fotografias de tanta gente conhecida e amada. Me fizeram ler depoimentos nos quais apareciam detalhes de nossas vidas de dez anos antes. A coerção e a tortura permeavam cada palavra ali escrita.

O policial que me interrogava, ao referir-se ao meu estado civil — eu que estava casada há dez anos e tinha dois filhos — dizia "amasiada", pois para ele "casamento realizado no Chile não valia aqui". Era uma forma de intimidar, de criar constrangimento pelo uso de palavras e expressões que, num ambiente de delegacia de polícia, transformam-se em vulgaridades, até obscenidades.

Existem os acontecimentos, provocados, em alguns casos, espontâneos em outros. E suas consequências às vezes imprevisíveis. Havia muita heterogeneidade entre nós, vínhamos de famílias e ambientes sociais diferenciados cultural e economicamente; as experiências de vida eram diferentes umas das outras. Havia também muitas disputas, o que não é difícil entender: sonhávamos com uma situação revolucionária e cada grupo tinha uma imagem do que isso significava. Todos se autoproclamavam "vanguarda do processo".

Eu me reunia com a Ação Popular, partido que chegou, por volta de 1967, a ter grande destaque na classe média, sobretudo entre intelectuais e estudantes. Aproximei-me da AP nessa época, movida por dois fatores: eu desejava fazer parte de um grupo de debates para ter meios de trabalhar coerente e conscientemente pelo bem social; e fui convidada a entrar para o Movimento por um broto bacana.

Começo pela segunda justificativa, a motivação pessoal e não altruísta da minha adesão. Ele era bonito, culto, educado, cordial, alegre, bem-humorado, o máximo! Mantinha bom relacionamento com as pessoas em geral e tinha acesso aos líderes do movimento estudantil. Dava a impressão de merecer, por algum motivo que eu não sabia qual era, o respeito até dos nossos oponentes. Falava com muita fluência e sem inibição sobre os ideais revolucionários expressos no incipiente programa da AP. Fizemos juntos algumas tarefas e ele ia às vezes à Casa da Universitária, sentávamos na varanda da rua e lá ficávamos horas conversando, ou melhor, ele falando. Eu escutava, fascinada.

Tempos mais tarde em um encontro da UNE, eu e outras companheiras de diferentes estados aproveitávamos os momentos de descanso para falar de assuntos pessoais, entre eles, nossos amores. Numa dessas conversas casuais descobrimos uma coincidência interessante. Descobrimos que várias de nós estávamos ou tínhamos estado apaixonadas pelo mesmo homem. O nome do amado de cada uma era diferente, mas a descrição da magreza, dos bigodes, do falar fluente e da simpatia era a mesma.

Eu cursava Letras na USP e fazia parte da diretoria da UEE de São Paulo. O Travassos era o presidente. Quando ele foi eleito presidente da UNE, assumi interinamente a presidência.

Éramos todos muito novos e inexperientes. Tínhamos motivações variadas para o que estávamos fazendo. Cada um de nós estava inventando um jeito de ser revolucionário. Todos queríamos o socialismo, mas não era muito fácil descobrir o que cada um, pessoa ou grupo, entendia por isso ou como se chegaria lá. Os dirigentes não eram muito diferentes das "bases" nesse aspecto.

A sociedade estava dividida, ou melhor, achávamos que a sociedade estava dividida, porque nossa vida, a vida dos nossos amigos, companheiros, familiares, conhecidos, todos passávamos por uma situação de risco, já que a prisão de um de nós poderia criar insegurança para dez, vinte ou mais gente. A tortura, cruel e mutiladora, que não raro terminava em morte, era praticada nos porões. Gente desaparecia sem deixar sinal. As famílias não tinham notícias de seus filhos.

Bem ou mal, a população seguia o seu caminho. A vida continuava sem grandes mudanças aparentes, mas a restrição das liberdades criava constrangimentos. No coração de todos havia o medo, mas havia também o desejo de ver o sol brilhar no futuro. Não se pode dizer que a sociedade estivesse dividida. Havia setores inconformados, houve manifestação de parcelas importantes das classes trabalhadoras. Mas, passados os eventos geradores das crises, as coisas voltavam à normalidade. As pessoas podiam até sentir-se insatisfeitas e desejar outras realidades, podiam murmurar contra a opressão e dar apoio político e material aos clandestinos, mas em geral não iam além disso, e olhando agora, já era muito, embora os que estavam engajados naquele momento desejassem mais. Era muito porque qualquer um podia ter problemas, receber uma acusação, ser preso sem explicação e até desaparecer sem deixar vestígios, por mais absurdo que isso possa parecer hoje. A população queria a desmoralização do autoritarismo, a falência dos esquemas de força contra a sociedade, a volta do direito de votar. Queria circular livremente, não correr riscos, falar sem medo. Cada vez mais aprofundava-se o sentimento de que pensar era uma coisa perigosa. Não havia segurança dentro da própria casa. Telefones eram controlados. Não faltava trabalho para quem quisesse trair o seu semelhante.

Os setores radicais sentiram a falta de apoio da população, o que os fez permanecer confinados em seus próprios redutos. Mais tarde, com a reconquista da democracia, até as instituições que abrigavam tais pessoas e grupos extremados os excluíram de seu meio, de uma forma não oficial. Ficaram assim como seres malditos, rejeitados pela sociedade e por seus próprios companheiros que não queriam ter seu nome ligado àqueles estigmatizados por ações violentas condenadas dentro e fora do país.

Mas as coisas não iam além disso. A população não via na juventude revolucionária indivíduos maduros e com propostas suficientes para resolver os problemas do país. Pelo contrário. Éramos admirados por nossa coragem e desprendimento, mas éramos criticados porque nos lançamos naquela atividade sem medir as consequências dos nossos atos e estávamos justificando a repressão com nosso comportamento.

As famílias tentavam recuperar seus filhos, as escolas lamentavam perder bons alunos e professores. Alguns pais, impotentes ante o esforço para trazer seus filhos de volta para casa, explicavam nas "más companhias" o "descaminho".

Muitas famílias ajudavam seus filhos e até corriam riscos junto com eles; outras sentiam-se impotentes frente à situação e deixavam tudo nas mãos de Deus.

A televisão ainda não tinha chegado aos lares, pouco se sabia da vida lá fora. Para a população em geral o país seguia funcionando: a missa continuava a ser rezada nas horas certas, todos iam e vinham nas suas obrigações, a Prefeitura continuava no mesmo lugar.

4

Num Estado repressivo, policial e controlador como o daquele tempo, não há liberdade individual. As pessoas se sentem permanentemente vigiadas, têm medo de que alguma coisa lhes possa acontecer de uma hora para outra. Pessoas desconhecidas como alguém que chegue pedindo uma informação por mais banal que seja, um estranho na esquina, um carro parado com alguém dentro, causam medo. Tudo é motivo para insegurança. Falar ao telefone é perigoso, promover reuniões sociais é arriscado. A desconfiança é generalizada: medo de ter sido vítima da delação de algum ressentido, de estar com o nome em alguma agenda apreendida; medo do vizinho do lado, do colega de trabalho recém-contratado, do companheiro de escola.

Reprime-se a convivência social, limitam-se as amizades a um pequeno grupo, olha-se com desconfiança para o sujeito no ponto do ônibus. Nas conversas exercita-se a autocensura. Já não se fala naturalmente. É preciso escolher os assuntos e as maneiras de abordá-los. A superficialidade começa a dar o tom dos relacionamentos, a voz se torna baixa, reservada. As frases saem entrecortadas pelas pausas da sensatez forçada. O pensamento é permanentemente vigiado. As energias são canalizadas para interesses que não envolvam debates e tomadas de posições.

Tudo isso vai moldando um novo sujeito. Para todos os efeitos, ele está mudando porque está deixando de ser jovem para se tornar adulto. Em certos aspectos nós nunca nos tornamos adultos no sentido pleno da palavra. Houve um lado nosso que permaneceu à espera de condições para se manifestar e desenvolver. Passamos da juventude para a maturidade dos cinquenta anos sem provar a vida adulta dos trinta e quarenta, quando se tem as chances de aplicar ideias, fazer e desfazer. Ficamos competindo com nossos filhos de vinte anos, subestimando a experiência deles porque a nossa tinha sido a maior de todas as experiências, chegando muitas vezes a ser cruéis: sua geração é "alienada", nunca fez nada de importante; nós fazíamos manifestações de cem mil pessoas contra a ditadura, era só convocar; vocês não criaram nada de novo na música; todos os bons que estão aí são do meu tempo; se depender de vocês, a sociedade vai para o buraco; vocês só pensam em consumir, ou estudar, ou se divertir; nós não. Nós éramos animais políticos. E tantos outros lugares-comuns povoando nossas cabeças.

Eles se tornaram moços e nós estamos tratando de aprender com eles a olhar o mundo, a sociedade e nós mesmos com outros olhos. Um pouco com os olhos deles, tentando pensar em como teria sido nossa vida se pudéssemos ter vivido sem aquela couraça que carregamos por tantos anos, a marca da clandestinidade.

Fomos jogados na clandestinidade pela perseguição que sofremos, pela intransigência do regime e pela nossa própria imaturidade.

Em 1967 assumi interinamente a presidência da UEE de São Paulo. Em 68 fizemos novas eleições em um processo conturbado, com as várias tendências do movimento estudantil se confrontando de maneira pouco construtiva.

Foi um período de reviravolta. Acostumada a frequentar as aulas, fazer as provas, trabalhos e pesquisa e ainda trabalhar para ganhar a vida, vi que agora as coisas se apresentavam de outra forma. Foi também um período de solidão. Já não podia ir à casa de minha mãe, nem voltar a minha cidade. Desempenhava as funções do movimento estudantil viajando para os lugares que me eram atribuídos. Não era possível, com tantas responsabilidades, frequentar regularmente as aulas. Além disso, eu tinha deixado os dois empregos. E minha reserva de salário estava acabando. Precisava procurar uma maneira de reorganizar minha vida pessoal, mas não iria sacrificar meu empenho social.

Minha família não poderia me ajudar. Meu pai tinha morrido havia mais de dez anos, e eu trabalhava desde os dezesseis, como todos em casa. Só pude ficar estudando em São Paulo porque consegui emprego na cidade.

Minha mãe nunca fez exigências, mas era visível que ela queria eu repensasse as coisas. Muitas vezes eu tinha sido motivo de orgulho para ela, e agora eu me expunha, corria riscos por uma causa que ela não entendia.

5

Durante muito tempo pensei que as coisas sempre pudessem ser conseguidas como resultado de esforço pessoal. Em 1968 fui presa, e a presença de minha mãe no presídio me fez sentir um grande remorso. Eu não queria ter imposto a ela o constrangimento de ver sua filha, que tinha feito bonito no colégio em Ribeirão Preto, privada da liberdade. A vida punha à minha disposição uma experiência muito diferente da que minha mãe tinha vivido, ou sonhado para mim.

Naquele dia eu soube que já não havia como voltar atrás. Achava que tinha uma função social que devia estar antes dos planos pessoais, e os desejos de minha mãe não seriam suficientes para demover-me. Faltava-me, no entanto, a dimensão real do que estava por vir. Acreditava que aquela situação que vivíamos era passageira e que em pouco tempo a normalidade seria restabelecida. Eu tinha claro que os estudantes estávamos do lado da verdade, da justiça e lutávamos pela fraternidade, pelo bem comum. O ideal era nobre e valia qualquer sacrifício. Íamos preparar a situação revolucionária, nossa verdade brilharia como um farol, as massas se levantariam do campo para a cidade, seríamos vitoriosos. Implantaríamos uma sociedade baseada na justiça e na liberdade. Haveria pão, escola e saúde para todos. Em pouco tempo tudo estaria resolvido, ainda ia dar para desfrutar a mocidade em uma sociedade nova. Criaríamos os nossos filhos, quando os tivéssemos, como homens livres.

Minha mãe se orgulharia ainda mais de mim.

Eu a consolei naquele dia dentro do DOPS e menti para ela. Ela voltou para casa. Como estava seu coração eu não sei. Eu estava recém começando meu caminho.

6

Sentia-me diferente de minha mãe, que fora submissa e resignada na sua condição de mulher, primeiro obediente ao marido e, quando este morreu, aos filhos homens. Ela era uma mulher valente e decidida para as coisas do lar e da criação dos filhos, mas frágil para as coisas da rua, do mundo externo. Ela, que tinha passado até fome para ter alguma coisa de seu com meu pai, e tinha experimentado relativa abastança em seus horizontes de mulher de sitiante pequeno, e depois comerciante na cidade, provava então o caminho inverso: dependia dos filhos. Por isso o meu remorso, minha mãe continuava precisando de mim, mas eu estava longe e dava preocupação.

7

Estou tentando escrever sem avaliar. Quero que minhas mãos sejam a extensão da mente, apenas reproduzindo a memória. Não quero pesquisar arquivos daquele tempo. Este não é um trabalho jornalístico. O que trago aqui são coisas vividas, sobretudo sentimentos. Procuro evitar os sentimentos atuais, mas nem sempre sou capaz. Quero transmitir a imagem que tive naquele período, com todas as minhas limitações, e ser sincera ao retratar o que vi e vivi, deixando de lado conceitos e criatividades literárias. Não quero, da mesma forma, fazer o retrato de uma época, o que exigiria um trabalho de pesquisa que desfiguraria este escrito.

Quero que o leitor, lendo o que escrevi, diga: então foi assim? Ou: havia gente assim fazendo a revolução em 68?

Mas o que mais quero é mostrar que se as repostas-padrão, os clichês interpretativos de certos setores reacionários e repressivos da sociedade não ressoam na alma de cada um de nós é porque eles mentem. Sempre mentiram, para a sociedade primeiro e, depois, para si mesmos. E de tanto mentir, se acostumaram e transformaram a mentira em verdade. Vendem essas mentiras a prestação a nós que precisamos delas para nos sentirmos seres sociais, participantes de um mesmo mundo e uma mesma sociedade.

1968 vai ficando longe, e até nós, que estivemos lá, não vislumbramos mais os fatos e, com dificuldade, enxergamos nele a nossa presença. É um sonho que se desvanece pouco a pouco. De manhã, ao acordar, ele aparece todo, mas depois, com o passar das horas, as imagens se misturam e acabam mesmo por se perder. Difícil lembrar de um sonho do qual já não se têm as imagens.

Quero retornar à aldeia, dar um vôo rasante sobre as casas e ser capaz de reconstituir os dados da memória e as nossas vivências de quarenta anos atrás, quando ainda não havia os meios de informação de que dispomos hoje. Ter tempo para lembrar de como as coisas ocorreram. Será um tempo especial, de maturação das lembranças para entender os fatos dessa história difícil de costurar.

E, então, depois desse voo rasante, começar a contar e ouvir histórias. Cada um conta o que sabe, o que viu e viveu e também o que ouviu dizer. É um bom exercício para a hora do anoitecer.

8

Em 68 fui presa, no Sete de Setembro. No desfile militar, perto das nove da manhã. Disseram que foi burrice, e até deixei gente envergonhada por ter-me exposto. Quando souberam que acordei de manhã e, com uma colega de moradia — com quem já havia combinado na véspera — lá fomos as duas para o desfile, ficaram indignados. Com justa razão. Fizemos de caso pensado, desobedecendo. Nós duas, e uma porção de outras pessoas, sentíamos que, dia a dia, estávamos mais longe do nosso meio, dos eventos e das pessoas com quem convivêramos até então, mas nós não éramos ninguém para mudar isso. Naquele dia sentimos vontade de desobedecer e ir ver, de novo, as coisas de perto. Queríamos nos sentir povo.

E lá fomos as duas mosqueteiras. A minha amiga ia cuidar de mim, pois nada devia me acontecer. Não fui sozinha por medo de ser presa e ninguém ficar sabendo. O problema é que ela ficou muito perto de mim, ou eu dela. Acabou sendo levada também. Nosso partido queria fazer a revolução, e eu dava mostras de não compreender nada de estratégia, expondo-me daquele jeito.

A manhã de setembro ainda era fria em São Paulo. Vesti a japona por cima da roupa, pendurei no ombro esquerdo a bolsa tiracolo, tomamos um ou dois ônibus, não me lembro. E chegamos. Nas mãos, nada; no bolso, só o bilhete do namorado, que escorregou enfiado pelo buraco da costura; na bolsa, os documentos pessoais e o dinheirinho da passagem de volta.

Fui para o desfile porque queria ver os papéis da panfletagem correrem de mão em mão e escutar a população de São Paulo entoar uma vaia surda ao milico em cima do cavalo. Eu mesma queria, quando a vaia começasse, engrossar o som ritmado. Queria dar ao meu coração esse contentamento e poder me sentir testemunha da História. O sacrifício não estaria sendo em vão.

Fomos, e aqui se inclui também a minha amiga acompanhante, por um ato de rebeldia contra os dirigentes da AP. Falavam em luta de massas, mobilização, derrubada da ditadura, mas só os víamos atrás de óculos escuros, cabelos tingidos, fechados em reuniões, horas e horas, ou em rápidos pontos de rua. Estavam sacrificando suas vidas em uma atividade clandestina. Até aí, tudo bem. Frente à História, atividades desse tipo valem e se justificam quando orientadas por princípios do bem social, como era o nosso caso. O problema é que eles estavam cometendo erros de avaliação tática e estratégica, o que os levava ao isolamento social. E nós, os mais jovens, íamos pelo mesmo caminho. Nas reuniões, eles contavam histórias de feitos heroicos de líderes de revoluções em outros países, que tinham lutado bravamente, enfrentado o inimigo, liderado seu povo e, durante boa parte de suas vidas, haviam estado em prisão. Com isso, haviam adquirido experiência de vida e a confiança do partido e do povo. Eu não ficava propriamente emocionada com esses relatos e nem os passava adiante, como alguns gostavam de fazer. Não acreditava que fazer isso servisse para alguma coisa.

Enfim, se aqueles fatos narrados tinham mesmo existido, havia sido em uma outra realidade, com outras pessoas, em outro tempo. Nós estávamos ali, éramos poucos, eu não sabia quantos éramos, mas achava que éramos poucos. E via claramente que estávamos ficando cada vez mais isolados de familiares, de amigos, de colegas de estudo e de trabalho.

Na universidade, quem era de fora do partido nos olhavam de maneira estranha. Eu não decifrava bem os significados dos olhares das pessoas, mas sei que me sentia um pouco envergonhada por não estar levando direito os estudos e não estar mais trabalhando. Voltei a me sentir, e esse sentimento durou muitos anos, como quando eu tinha onze anos e meu pai me tirou da escola: eu não queria ser vista pelos conhecidos. Se me perguntassem a que estava me dedicando, não ia saber o que responder, porque não estava fazendo nada a não ser reuniões clandestinas. Corria de um lado para o outro para cumprir tarefas esparsas. Tinha a impressão de que faltava programa a nossa atividade. Não conhecia, a não ser das reuniões, quem contava aquelas histórias. Tinha forte senso de responsabilidade, era obediente e leal. Eu me atribuía qualidades. Achava que eram qualidades. Talvez outros vissem de maneira diferente, mas eu acreditava que a nossa luta era necessária e queria seguir em frente.

Aponto defeitos alheios, que eu também tinha. Não é fácil ser socialista. A gente pensa que está sendo socialista, mas na verdade não tiramos o olho do líder, do chefe. Nos apegamos a pessoas e, com frequência, as cultuamos.

Entre nós havia críticas, que deviam ser sempre claras, cristalinas, e explícitas, nunca feitas pelas costas. Lutávamos contra nossa natureza para superar limitações pessoais. A vida que nos tínhamos imposto favorecia as manifestações do autoritarismo e obrigava a minimizar os problemas particulares de cada um. Só o coletivo valia a pena ser considerado. O esforço concentrava-se no desempenho da função social, ainda que em condições adversas, como efetivamente ocorria. O ideal era nobre e desinteressado, talvez desinteressado demais, sem vínculos com os prórpios projetos.

A tarefa de criar um mundo mais justo não podia ser adiada, nada podia vir antes disso, seja na hierarquia temporal, seja na dos valores. Além do mais, éramos otimistas: depois haveria tempo de sobra para todos os projetos pessoais.

Era assim que as coisas aconteciam. Faltavam-nos visão de longo prazo e compreensão mais profunda da realidade do país. Sobrava idealismo.

9

Eu era alguém do povo. Família do interior, baixa ou nenhuma escolaridade. Tinha chegado à universidade por teimosia, esforço próprio, desacato, veleidade até, de colocar estudo acima de trabalho, arrebentando os grilhões patriarcais da família italiana camponesa: pão assado na folha de bananeira, leite com manga faz mal, lençol alvejado na folha de zinco, casa de chão de tijolo, alvinho, alvinho, esfregado com sabão feito em casa, soda cáustica e sebo de vaca. Tudo era econômico, tudo era aproveitado, sem miséria, sem desperdício de um fio de linha. Minha mãe, meu pai, dois heróis. Davam sentido às suas vidas e à dos filhos na labuta do dia, que começava e acabava com o sol:

— Menina, vai encher as lamparinas de querosene, que já vai ficando noite! Corre levar esse almoço, que teu pai foi para a roça às quatro e meia da manhã.

Ia. Carregando um caldeirãozinho com a comida e uma garrafinha de café tampada com palha de milho enrolada, bem apertadinho. Para a boca de pito, fumo goiano, que ele picava a canivete e enrolava na palha. Era bonito vê-lo escolher a palha, passar o fio do canivete várias vezes para alisar, cortar as pontas dos dois lados. Depois de enrolado o cigarro, uma passada de língua, como em beira de envelope, para colar, eu acho. Esperava o pai comer, sentado numa sombra, em cima da raiz aparente da árvore. Na volta para casa, ia comendo o que tinha sobrado, principalmente feijão, que minha mãe cozinhava no caldeirão de ferro, das quatro às dez da manhã, depois temperava com banha de porco e cebolinha da horta. E um pouco de arroz misturado. Acho que algum resto de molho de linguiça frita, ou o cheiro de um pedaço de carne retirada da banha, ou mesmo a gordura do ovo frito, com algum pouco de gema espalhada.

Aquela sobra de comida, já seca e fria, tinha um sabor e um aroma que nunca mais encontrei. Meu pai sempre deixava um restinho, que eu, menina de seis, sete anos, ia comendo, enquanto descia de volta para casa. Estava com fome, e minha mãe já esperava com o prato feito, às dez e pouco da manhã.

São recordações de um tempo e uma realidade distantes. Sonhos ao contrário, revivendo pela memória situações que pareciam uma paisagem permanente, definitiva, na qual não havia traços de ausência e da solidão.

Quando eu tinha oito anos, meus pais decidiram que nos mudaríamos para a cidade. Sentiam-se velhos, ele com 49, ela com 45, e queriam uma vida menos dura. Os filhos homens iam mandar estudar, e as mulheres, aprender prendas domésticas. Isto pode soar estranho, mas naquele tempo e para gente como eles, não. Tinham nascido nos primeiros anos do século XX e eram gente de roça, donos de seu próprio nariz, mas vivendo em economia de subsistência, sem luz elétrica, sem rádio. Muito menos geladeira, fogão a gás ou automóvel. O meio de transporte era o carrinho puxado pela égua Gaúcha, que um dia jogou minha mãe ao chão por causa de uma cobra que atravessava a estradinha. A égua refugou e empinou. Minha mãe se machucou bastante, acho. Não me lembro bem do acontecido, mas sei que houve dor, lamentação. Acho que minha mãe estava grávida de minha irmã mais nova.

Eu tinha doze anos quando meu pai morreu.

10

Fiquei pouco tempo no desfile do 7 de Setembro. Os meganhas civis estavam por ali mesmo, na parada de ônibus e logo nos viram. O portão do DOPS, que eu conhecia por fora, me pareceu imenso na manhã de feriado. Ainda olhei para trás e senti o que estava perdendo naquele instante: a maravilha de ter São Paulo só para mim, como num domingo. Nenhum movimento, as ruas largas, os prédios, o barulho de um bonde vindo longe, uma ou outra pessoa. Aos domingos eu costumava andar pela cidade, tomava posse dela, eternizava-me nela, caminhando por suas ruas e avenidas. São Paulo tinha me dado a realização de um sonho impossível: sair do interior, tornar-me urbana, ter profissão, estudar na maior universidade do país. Dois anos depois de chegar, eu caminhava com desembaraço pela cidade, conhecia seus bairros, frequentava ônibus, bondes e trens de subúrbios. Tinha conhecidos no Ipiranga, na Aclimação, na Lapa, em Pinheiros e até uma tia na Penha. Gostava de me locomover de um lado para outro. No Bom Retiro comprei linhas para mandar tecer um vestido. Encantava-me com a Ladeira Porto Geral. Amava o centro da cidade. Aos domingos, a população dentro de casa ou tomando banho de mar em Santos, eu tomava intimidades com a cidade. Tinha amor por ela e achava que seria impossível deixá-la um dia. São Paulo tinha mais de quatrocentos anos e esses séculos todos tinham servido para prepará-la para a minha chegada, e dali nunca mais eu sairia. Andando por suas ruas, às vezes pensei na minha morte: um evento a mais, um final de tarde, uma finalização natural, fosse já velhinha ou ainda moça. Um acontecimento indesejado, mas intransferível. Aconteceria ali em São Paulo, mas antes deixaria uma carta pedindo para não me levarem de volta ao interior, não queria que enterrassem meu corpo no jazigo da família. Tinha descoberto meu lugar no mundo e ali eu queria ficar.

Em toda minha vida só experimentei um sentimento parecido com esse quando estive em Roma, onde pensei reencontrar meu pai em alguma esquina. Com a diferença que nunca desejei viver lá toda a minha vida.

Vi pouca coisa: que o desfile já tinha começado, pouca gente presente, quase só mães com filhos pequenos. Eu achava lindo desfile quando era criança e sempre achei uma beleza cantar o Hino Nacional no pátio do Grupo Escolar e aprender de cor as poesias sobre eventos, como o Dia das Mães:

Saíra Nossa Senhora
À procura de Jesus
Naquela manhã de maio
Toda enfeitada de luz.

Eram ralas pessoas espalhadas ao longo da avenida. Não vi meus companheiros, nem os panfletos; não escutei nem dei vaia. Estava passando a cavalaria. Eu era a pessoa mais perigosa por ali, estava com a minha japona, preparada para enfrentar até cadeia sem cobertor. Perigosa também era a meninada secundarista que a AP tinha mandado espalhar panfletos. Não vi nenhum por ali.

Fiquei 33 dias presa. As coisas acontecendo fora e eu lá dentro, primeiro no DOPS, depois no presídio Tiradentes. Atendendo ao pedido de um grupo de mulheres de São Paulo, o juiz corregedor visitou o Tiradentes, fui retirada de lá, que não era mesmo lugar para uma moça, e enviada ao Carandiru. Foi como entrar no céu. Aquele ano passei meu aniversário no presídio feminino. Mais triste do que esse foi um outro aniversário, o de

1973, que passei no Chile de Pinochet, menos de um mês depois do golpe militar.

Muitas histórias as moças, e os moços, iam ter para contar sobre delegacias e porões dali para a frente. Nem todos tiveram a sorte de viver para poder contá-las.

Para quem nunca tinha saído de casa até tão pouco tempo antes, almoçava e jantava diariamente a comida feita pela mãe e pedia a bênção antes de dormir, foi uma experiência e tanto.

Também para a família a experiência foi única e dolorosa. Era a insegurança de ficar sem notícias e, quando chegavam, não poder saber se eram confiáveis ou não. Havia também o constrangimento da boataria e dos olheiros. De vez em quando apareciam estranhas, que ninguém conhecia — nas redondezas da casa de minha mãe, fazendo perguntas no mínimo indiscretas.

Minha mãe morava vizinha a uma padaria. Lugar excelente, gente simples, todos trabalhadores. Os donos e os empregados eram conhecidos dela há muito tempo, e o pão fresco era comprado pelo muro mesmo, assim que saía do forno.

Meu título eleitoral era de lá e haveria eleições naquele ano. Algumas semanas antes das eleições, apareceu um empregado novo na padaria, pessoa diferente dos demais, desconhecido de todos, bastante amável, cordial. Tratou logo de fazer amizade com minha mãe, tratando dos mais diversos assuntos e mostrando-se simpático e disponível para pequenas tarefas, como ajudar a tirar o lixo e outras miudezas. No começo ninguém desconfiou de nada, pois ele era moço e estava em um meio conhecido. A desconfiança começou quando ele mostrou forte interesse pelos filhos dela, e especialmente pelas filhas. Aí a coisa ficou meio estranha. Piorou quando perguntou por mim, se eu vinha votar, quando chegava e tudo o mais. Minha mãe estranhou a curiosidade e se fechou. O sujeito não teve mais direito a um dedinho de prosa.

É claro que não fui votar naquele ano. Minha irmã pagou a multa pela minha ausência, naquela e em outras vezes.

Mais tarde ficaram sabendo que o sujeito tinha sido posto ali, não exatamente para ajudar no fabrico do pão. Quando fui presa de novo em 1978, o policial que me interrogou falou nesse agente e em outros mais que tinham sido enviados à minha cidade para me esperar. Grande perigo eu representava ao país! Minha irmã, por causa da semelhança física entre nós, foi abordada várias vezes por gente igualmente desejosa de mostrar seu amor profundo ao país, prestando o relevante serviço de tentar prender alguém. O constrangimento era constante, e a situação chegou a tornar-se perigosa para ela, pois as práticas de sumir com as pessoas constituíam-se na ameaça de não mais retornar a casa depois de um dia de trabalho. Até o equívoco ser descoberto, sabe-se lá o que poderia acontecer. De nada adiantava mostrar documentos atestando a identidade e negar ser quem eles afirmavam que era. Até prova em contrário, todos eram suspeitos. Eu era tratada como bandida.

Assim, a clandestinidade ia chegando aos poucos. Era como olhar para o topo de uma escada e estar nos primeiros degraus. Voltar para baixo não compensava, continuar subindo era assustador.

Eu me sentia inaugurando a História, achava que nossas ações colocariam um divisor de águas entre passado e futuro. E então, era especial, alguém que tinha deixado tudo de lado para me dedicar a uma causa justa e nobre. Durante muito tempo eu me senti uma pessoa especial, colocando em tudo o que fazia, por pequeno que fosse, meu melhor empenho, procurando ser correta, pensar em profundidade e abrangência e decidir sempre pelo bem comum, atendendo ao interesse coletivo.

E o que era que eu estava deixando de lado? Aparentemente, pouco. Eu não provinha de uma dessas famílias de tradição, cujos filhos têm um nome e uma posição a zelar. Não havia médicos, nem engenheiros, nem políticos, nem qualquer outro tipo de destaque intelectual na família. Éramos descendentes de italianos, moradores do interior, quase todos agricultores ou comerciantes. Gente que quase não frequentou a escola e não dava qualquer valor aos livros. A vida da cidade e as coisas modernas assustavam. O fogão a gás, por exemplo. A década de 1950 já ia pelo meado e minha mãe ainda achava que comida feita no fogão a lenha era mais sadia, porque tinha ficado sabendo que o gás era venenoso.

Filhos de gente poderosa e influente em seu grupo social rompiam com a família ao fazerem sua opção revolucionária. Os pais tinham planos para eles, que representavam, de certa forma, um investimento.

Era grande a decepção e a dor dos pais ao saberem que seus filhos se expunham ao perigo, abandonando os estudos e até, algumas vezes, empunhando armas. Um filho clandestino era um eterno desassossego, a falta de segurança completa, a total incerteza para o dia de amanhã. Os lares eram revistados, as pessoas, seguidas, os telefones, controlados. Não havia mais vida privada. As mães esperavam a qualquer hora a má notícia, pois as crianças andavam sumidas. Ficavam meses sem dar notícias. Alguém que batesse à porta podia ser prenúncio de qualquer coisa: um estranho querendo espionar, notícia de prisão ou morte ou o próprio filho visitando a família na calada da noite. Vinha oculto e saía antes que fosse visto. No dia seguinte, a mãe estava mais feliz e o pai, mais nervoso. Ela tinha visto de novo aquele pedacinho da sua carne. Ele continuava sem saber como aquele desmiolado podia ser criação sua. Ainda escuro, a mãe enrolava em papel-alumínio o resto do bolo, e o pai corria ao posto de gasolina trocar um cheque. Quem estava ilegal não podia sair trocando cheque em banco.

Filho clandestino não ia para casa, nem telefonava. Fazia contato. Se mandava carta, até chegar ao destino passava antes por três ou quatro intermediários, percorria muitos quilômetros em mãos, e só chegava meses depois. Nosso correio de mão em mão era lento, não estampava carimbo. Nossas cartas não traziam o lugar de origem nem a data.

11

O Tiradentes era um lugar nojento. Sempre tinha morado com minha mãe até ir estudar em São Paulo. Casa asseada, asseada mesmo. Todo o serviço feito por nós e, às vezes, uma mocinha contratada para ajudar, mas que nunca ficava muito tempo porque os critérios de asseio de minha mãe iam além do que a pobre conhecia. Também o ritmo da patroa era difícil de ser acompanhado, até por nós. Era tudo bemfeito e rápido. Não queria serviço demorado, casa desarrumada, mexida o dia inteiro. Era começar cedo e acabar rápido. À tarde era serviço de costura, bordado, crochê. Ia ensinando as filhas. Nem todas gostavam, mas tinham de aprender. A máquina de costura estava prometida para cada uma, como parte do enxoval. Parece que estou falando de outra pessoa, e não de mim mesma. De um tempo muito distante, século passado. Comecei a bordar meu enxoval aos doze anos. Aprendi corte e costura aos catorze. Meu pai não queria as filhas estudadas, para depois "não sustentarem marido sem-vergonha". Tinham de ser boas donas de casa. A obrigação do homem era sustentar a casa, da mulher, governá-la, criar e educar os filhos. O pai não interferia, só se percebesse um descaminho. Mas quando ele entrava, o esbregue era sério. O corretivo abria feridas, que demoravam a sarar. E, depois que saravam, ficava a vergonha, por muito tempo. Ai do filho que fosse pego rindo ou conversando no mesmo dia do castigo. Eram dias de silêncio, de purgação do erro. Nunca ouvi em casa alguém falar em pecado, castigo divino ou consciência pesada. Nem em caráter. Talvez nem soubessem da existência da palavra. Estavam preocupados com a formação dos filhos como homens e mulheres fortes, direitos e trabalhadores. O trabalho era um valor, o maior deles. Quem trabalha não tem tempo de pensar em besteira. O descanso e o passeio eram para o domingo. A noite, para dormir.

Meu pai morreu aos 54 anos, de forma inesperada. Sua morte tomou todos de surpresa, ele parecia indestrutível. Foi a grande falha do processo, uma situação que fugiu ao controle dele, não pôde ser prevista, planejada. Para a morte não havia um lugar certo, nem uma hora determinada. Descobrimos, sem querer, que nós não podíamos espreitá-la, nem controlá-la. Era ela que nos espreitava, tomando-nos de surpresa e criando o desamparo. Meu pai nunca tivera doenças, nunca se queixara de uma dor, uma indisposição. Parecia uma pessoa saudável, sempre levara uma vida natural, sem excessos, e ainda tinha filhos pequenos. Dava a impressão de ser a própria expressão da vida, era o eixo em torno do qual todos girávamos. Difícil imaginar que ele pudesse, um dia, ter cogitado da própria morte naquelas circunstâncias. Os dias subsequentes foram de perplexidade para todos, especialmente para nós, os pequenos, e minha mãe.

Os dias iam passando, e os filhos mais velhos mostraram forte aptidão para tomar nas mãos as rédeas dos negócios e da família. Rapidamente as coisas foram, de novo, encontrando seu rumo.

A recordação de sua pessoa criava em todos nós sentimentos fortes e contraditórios, não era muito simples acreditar que ele estivesse realmente morto. Os pequenos ficamos tão impressionados, nunca tínhamos visto alguém da família morrer, que, sobretudo à noite, não tínhamos coragem de ir aos lugares da casa onde ele gostava de ficar. A imagem de pai brabo permanecia. Eu tinha medo de descobrir que ele não havia realmente morrido, pois as coisas agora estavam mudados, postas em outros lugares, organizadas de maneira diferente de como ele havia deixado. Ele não ia gostar de encontrar as coisas fora dos seus lugares.

Senti a falta dele. Escutava de repente sua voz falando meu nome. Via-o na pia, lavando as mãos e os braços até o cotovelo, ele tinha pelos nos braços e o sabonete fazia muita espuma.

Sentia o cheiro enjoativo do sabão de barba, rosto de Papai Noel. Voltava a presenciar certas imagens casuais: no domingo ele ficava na cama até mais tarde, e minha mãe se levantava cedo e ia para a missa. Quando voltava, ela entrava no quarto para mudar de roupa e demorava para sair.

Sua ausência deixou não apenas saudade e desamparo, mas também um certo alívio, que só pôde ser percebido tempos mais tarde. Ele nucleava a família e criava dificuldades para os que queriam andar pelas próprias pernas. Era difícil suportar o sentimento de perda, mas era gostoso provar o sentimento de liberdade.

As prendas domésticas das filhas de meu pai logo seriam apenas complementos, ou entulhos. Não demoraria muito para sairmos atrás de um ganha-pão. Eu me tornaria professora.

12

A carceragem do DOPS era um cubículo, um subterrâneo frio e sem sol.

Levaram-me para baixo, a uma pequena cela: cama de cimento, colchão sujo, cheiro forte de urina, umidade e mofo. Estava atônita, a cadeia era para valer. Por que, se eu não representava nenhum perigo? Nunca tinha praticado qualquer ação agressiva contra nada, nem ninguém. Parecia teatro, uma encenação, uma espécie de brincadeira: brincavam de me punir, preventivamente, antes que eu realmente fizesse alguma coisa, ou então para mostrar do que eram capazes. Até então eu tinha feito reuniões, participado de passeatas, falado algumas vezes em assembleias ou manifestações de rua. O grande trunfo que tinham em mãos e utilizaram para constranger-me durante os interrogatórios eram duas fotografias minhas na manifestação do Primeiro de Maio. Acusaram-me indevidamente de ter atirado uma pedra na testa do então governador de São Paulo. Ele próprio tinha citado meu nome em entrevista a um jornal

Éramos centenas, milhares nas ruas. Nosso protesto tinha motivos: a reforma da universidade pelo convênio MEC-USAID e a falta de liberdade no país. Ameaçavam acabar com a escola pública.

Queríamos liberdade de manifestação e a criação de um mundo mais justo, nos moldes das propostas de fortalecimento da burguesia nacional, encampação das riquezas do solo e do subsolo, e controle do Estado sobre a produção básica, como o petróleo e a siderurgia. Sobretudo, éramos antinorte-americanos e víamos o imperialismo como aquele monstro que nos fazia produzir matérias-primas e nos vendia depois o produto elaborado. Protestávamos contra a indústria estrangeira utilizando nossa mão de obra barata e instalando aqui dentro equipamentos tecnologicamente superados. Protestávamos contra a intervenção armada dos Estados Unidos nos outros países, como aconteceu em São Domingos em 1965, contra a guerra do Vietnã e contra as interferências do tipo *Peace Corpus*, ou Aliança para o Progresso. Desejávamos a autodeterminação e repudiávamos o emprego da força para combater gente que falava em acabar com o analfabetismo e evitar o esvaziamento populacional do campo, com o consequente inchaço das cidades. Odiávamos o aprofundamento do elitismo social ou mesmo a sua manutenção nos níveis da época.

De manhã, na cela, eu mal segurava a vontade de ir ao banheiro. Acordei com nojo daquele lugar. Tinha conseguido dormir um pouco, apesar do medo que veio com a noite. Essa é a condição de quem está trancado por fora.

Um berro de homem me assustou:

— Café.

Não me lembro de ter comido no dia anterior. Fui apanhar o café pelo postigo aberto. Mandou trazer a caneca.

— Não tenho.

Apontou para a pia no canto da cela.

Nesse dia, meu café não seria bebido em xícara de louça, como na casa de minha mãe, ou em copo, como a média da padaria.

Senti nojo daquela caneca de alumínio, amassada, encardida, que já tinha servido a tantos infelizes
   Depositei a caneca com o café em cima da pia. Sentei na cama segurando o pão. Pensei em meu pai, morto há tantos anos, e nas suas histórias.
   — Uma velha feia, de um dente só, morava num casebre. Longe, muito longe de tudo. Onde não passava ninguém. Vivia sozinha. Um dia, sol quente escaldante, passou um homem. Tinha sede. Gritou: Ô de casa! Voz de homem, a velha veio depressa. O homem pediu um copo d'água. Ela ficou toda contente, foi buscar. Trouxe a água numa caneca de louça, a borda desbeiçada. Ele olhou para aquilo. A água de dentro era limpa e fresca, mas a caneca era um caco. Olhou para a parte inteira da borda, olhou para o desbeiçado, olhou para a velha, que sorria, mostrando o dente. E pensou que era melhor beber no desbeiçado. Não ia querer encostar a boca no lugar usado pela maltrapilha. Bebeu. Com sacrifício, porque a água queria escorrer pelo queixo. Vendo aquilo, ela que vivia na solidão, arregalou os olhinhos, escancarou a boca desdentada e soltou a frase menos desejada: Você é como eu! Só bebo no buraco, dá para encaixar o dente.
   Meu pai já estava morto há muito tempo, felizmente para ele, que não ia precisar ver a filha, que tinha o nome da mãe dele, dentro de uma cadeia. Eu estava ali, sentada naquele colchão imundo, segurando um pão, que não queria comer, mas não tinha onde pôr, naquela imundície de cela.
   Era pão de padaria, cheiroso, crocante. Comi o pão, joguei o café no esgoto.
   Devagar fui me acostumando. O café na caneca ficou uma coisa até normal.
   Um pouco mais tarde, naquele dia, escutei gritarem o meu nome. Não respondi, fiquei assustada. Era voz de homem, parecia conhecida. E, então, novos chamados. Eram companheiros do Centro Acadêmico. Escutei a voz... Eu não os via, mas podia escutá-los

Escutei a voz de um irmão, de meu pai, de um grande amor, de alguém como eu, a minha própria voz. Era a mão que vinha lá de cima, me tirar do fundo do abismo, dizer que eu não estava sozinha. Eu era a velha de um dente só. Eu não o via, mas escutava a voz. E eu não sabia que havia mais gente como eu ali, e de que tamanho era a cadeia. Pensava que fosse enorme, uma cidade subterrânea. Nunca que eu ia encontrar alguém conhecido. Tinham me encontrado.

O dono daquela voz foi meu irmão naqueles dias. Eu tinha medo e sua voz me esquentou o coração. Nossas celas ficavam no mesmo corredor. Ali só tinha mesmo um corredor. A cela dele era a última, lá no fundo, e a minha era a primeira. O DOPS era um cubículo.

Na carceragem, eu e minha amiga podíamos circular nos corredores na hora do almoço e, prerrogativa feminina, fazer os pratos quando a comida chegava. Os carcereiros eram pais de família, gente humilde e educada, e nos tratavam corretamente.

Ficamos poucos dias. Mais gente estava sendo presa; não queriam que trocássemos informações uns com os outros. Prender estudantes e ver neles inimigos da Pátria exigia muita estratégia. Parecia que o país estava em guerra e os estudantes eram um dos lados dela. Pouco tempo ia se passar. A longa noite de terror estava se aproximando, e havia gente nos escalões da Polícia que ansiava por ela.

13

Pude sentir isso uma noite, que ainda retorna e assusta, sempre presente.

Faz uns quatro dias que estamos presas. Agora na mesma cela. Está mais alguém. Não sei quem é, não conheço. Estelionato, dizem. É uma cela grande, deve ter uns quatro por seis. As grades do corredor a deixam completamente devassada para o carcereiro. Ao fundo uma meia-parede esconde um sanitário, desses de subir. Sinto muito nojo de pôr os pés ali, mesmo calçando sapatos, naturalmente. Seguro a vontade até não aguentar mais.

Este lugar é um buraco. Não se vê o Sol. É úmido e frio. Ontem à noite tomei banho. Fora da cela há um reservado com chuveiro, mas é um só para todos. O carcereiro solta primeiro as mulheres e depois os homens, aos poucos, porque somos muitos.

Acabei de voltar de lá de cima. Estou assustada. Acho que não vou conseguir dormir esta noite. É madrugada e não tenho sono. Tanto faz ser madrugada ou não. Aqui é tudo a mesma coisa. Não me lembro de algum dia ter ficado sem fazer nada como aqui.

Vieram me buscar às onze da noite. Eu estava deitada.

— Vai subir.

Vejo que é comigo, quero saber para quê.

— Mandaram subir. Depressa.

Fui, assustada. Não precisei esperar, direto para a sala do homem. Não conhecia. Só de nome, tinha medo dele. Disfarcei. Veio logo ameaçando e ironizando:

— Então você é a grande líder estudantil! Baderneiros, comunistas, isso vocês são.

Queria escutar o que ele dizia, mas não queria ficar com mais medo. Queria mostrar desprezo por ele, pela ignorância dele. Queria dizer que ele não era ninguém para me julgar. Ali, trancado naquele lugar soturno, atrás de uma mesa, armas penduradas no peito para falar com uma moça, homens na porta. Falas cheias de clichês policiais, tratando-me com arrogância e estupidez. Eu era uma estudante de Filosofia, de Literatura. Conhecida como poeta, literata. Admirada na minha cidade, homenageada pela Câmara Municipal. Incentivada pelos mestres a continuar estudando, lendo muito: grande potencial!

Era irônico aquele homem falando comigo daquele jeito. Eu estudava grego na universidade, francês, literatura medieval, linguística. Tinha lido os clássicos já no 2º grau. Agora nada daquilo existia. Aquele homem zerava todo o conhecimento humano, decidia o certo e o errado; sabia quais eram os bons e quais eram os maus *elementos*, no seu jargão de policial. Ele ali, me interrogando no meio da noite, revólveres pendurados pelo corpo, ele estava do lado do bem, era o próprio bem.

Eu procurava alguma coisa para me fixar, não queria olhar para ele, nem escutar. Em cima da mesa a plaqueta com o nome. Ele falava aos gritos, eu lia: Paranhos...

— Perdeu a língua? Responda, quem é o seu chefe?

Paranhos Fleury. Sérgio. Tive um amigo chamado Sérgio quando estudei em Ribeirão. Conheci outro Sérgio antes, na minha cidade. Mais velho do que eu. Lindo. Tinha namorada.

Na minha cidade, antes, nem havia emissora de rádio. Só mais tarde passou a funcionar uma e foi um sucesso. Eu telefonava quase todos os dias para pedir música no programa do ouvinte. Dedicava a alguém, ou era só para ouvir. Mas eu ligava mesmo era para falar com o locutor, com o Sérgio, que nem me conhecia. Uma vez era meu aniversário. Catorze anos. Meu irmão telefonou e me dedicou uma música. A voz de quem pedia não aparecia no microfone. Então o locutor, quando anunciou o pedido, disse que era para oferecer para mim. E me chamou de senhorita. Nunca tinha sido chamada assim antes e não me sentia senhorita. Ainda era uma molecota tímida e desajeitada. Escutar o meu nome falado por ele foi maravilhoso. Parecia que era ele quem estava me oferecendo a música.

— Quem é o seu chefe? Comunista, teleguiada de Moscou!

Sérgio Paranhos. Delegado Fleury. Era ele mesmo. Descobri perplexa um dia, por acaso, que ele namorava uma das moças da pensão onde eu tinha morado. Ela repartia um quarto com três beliches na pensão. Depois, alugou um apartamento para morar sozinha. Mobiliado, decorado, bonitinho. Uma estudante pobretona como eu nem sonhava. Ela sempre perguntava se eu não tinha medo de ser presa e outras coisas. Éramos várias estudantes ali. Falávamos em justiça social, autenticidade. A maioria era católica; havia uma que lia Maiakóvski e falava em reforma agrária, terra para quem nela trabalha. Todas tínhamos assistido a *Morte e vida severina* e sabíamos o que era um latifúndio, pelas palavras do poeta. Todas já tínhamos nos manifestado contra a invasão de São Domingos, a guerra do Vietnã, odiávamos a Aliança para o Progresso e o MEC-USAID. Íamos às passeatas — ainda era 1966. Eu ia pouco, por causa do meu trabalho e do namorado que não gostava dessas coisas. Poucos de nós tinham carro em 1966, quase ninguém. Ele tinha. Não queria que eu fosse às manifestações. Era perigoso. Dia de passeata a cidade se agitava, com correrias, comícios-relâmpago. Depois as notícias corriam, que muita gente tinha sido presa, que uma moça tinha sido arrastada até o camburão, que os cavalos tinham escorregado nas bolinhas de gude. Em um desses dias puseram nas ruas um forte esquema policial, usaram animais, viaturas e bombas. Muitos estudantes foram feridos, a polícia tinha vindo para bater e prender. Eu não fui, precisava trabalhar. Minha amiga leitora do Maiakóvski me criticou.

— Se quisesse, teria dado um jeito de ir, ela me falou. Fiquei com vergonha. Na passeata seguinte não fui trabalhar à tarde. Fui direto da faculdade para a manifestação. Ficamos na rua até o começo da noite. Quando cheguei em casa, o carro dele estava parado na frente e ele, furioso, dentro.

— Entra.

Entrei.

— É falta de juízo.

Falava de atrocidades ainda não cometidas.

— Você sabe o que fazem com mulher, quando prendem?

Eu não sabia, não queria saber. Não queria mais aquela proteção e os cuidados dele. Queria parar de me sentir apenas uma pessoa na multidão indiferente.

Queria encarar o futuro, conhecer coisas novas, não ter medo. E foi o que fiz. Agora estava ali, no DOPS, na frente daquele homem que me ameaçava.

— Fala! Quem é o seu chefe?

— Meu chefe? — minha voz era de deboche e medo, fora de tom, meio em falsete.

Ele insistia, gritava.

De novo o deboche:

— Não sei nada de chefe.

Queria esconder o medo. Voltava a ler a plaqueta sobre a mesa: Fleury.

Um dia, depois de uma passeata, procurando um lugar seguro para passar a noite, fui à casa da minha amiga que tinha alugado apartamento. Ainda não era conhecida a história de seu namoro. Perto de mim, na manifestação percebi pessoas estranhas que tiravam fotos. Era arriscado voltar para casa, pois estariam dando batidas e eu precisava de um lugar seguro para dormir. Abriu a porta, chamou para dentro. Disse que era perigoso para mim ficar ali. O namorado ia chegar logo. O nome dele era delegado Fleury. Aquela declaração reta e sincera me deixou atordoada, até pensei que fosse uma brincadeira. Depois tudo se confirmou.

Como ela tinha chegado a namorar um cara daqueles? Uma fatalidade, um acaso?

Como ela, companheira de baralho no domingo à tarde, mais de trinta anos, solteirona, para os padrões da época, teria conhecido o delegado Fleury? Eu nunca tirei essa história a limpo. Enquanto moramos no mesmo pensionato, ela fora sempre amiga fiel e solidária. Depois disso nunca mais nos vimos.

— Vocês são massa de manobra dos comunistas. Inocentes úteis. Está sendo usada por esses comunistas. Comunista!

Não tive nada para responder àquele delegado. Ele ficou nervoso, deu murros na mesa. Eu sentia medo, mas não tanto como algum tempo depois descobri que devia ter sentido.

Estou com sono. Penso naquele meu antigo namorado. O do carro. Se ele souber que estou aqui, será que vem com advogado? Por onde terá andado nesses dois anos? Cuidando da própria vida. Naquela noite, em 1966, deixei de lado meus projetos e levantei uma barreira entre nós:

— Vou continuar indo para as passeatas. Quero lutar por um mundo melhor.

Ficou nervoso, descontrolado. Molhava a camisa de suor. Pôs o motor do carro em funcionamento e arrancou em alta velocidade. Não tive tempo de saltar e fiquei com medo. Não respeitava semáforo. Desceu pela avenida Pacaembu. Dirigia como um maluco, os quebra-ventos do Fusca voltados para nós. Pensei que ia morrer ali, que iríamos juntos. Eu gostava dele, mas não queria morrer.

Depois de algum tempo encostou no meio-fio, voltou a repetir que eu ia desgraçar a vida dele. Parou de tentar me convencer que tínhamos sido feitos um para o outro.

— Vou te levar para casa.

Talvez ninguém mais me quisesse daquele jeito pelo resto da minha vida. Foi o que pensei na hora.

Quando cheguei em casa, recebi os parabéns por ter ido à passeata: o passo mais importante da minha vida. Ganhei um buquê de rosas com um poema do Maiakóvski no cartão. Eu já estava há quase dois anos em São Paulo e já não era só mais uma na multidão. Tinha acabado de participar da minha primeira manifestação e de desfazer meu compromisso de casamento.

As coisas estavam apenas começando para mim.

Vou tentar dormir. Tenho medo que eles venham me buscar de novo. Ali, na cela ao lado, estão uns homens. Eles se dizem militares. Falam em profecias de Nostradamus e Parasar. Tenho medo de ser jogada no mar. Eles têm muito medo. Não acredito que haja gente que faça uma coisa dessas. Eles dizem que existem.

Acho que não vou conseguir dormir. Enquanto estava lá em cima, aquele homem falando e gritando, eu morria de sono. Agora estou acordada e vou ficar assim o resto da noite. E se eles vierem me buscar de novo?

O pessoal do Grêmio está na cela lá do outro lado. Devem estar dormindo. Os outros presos também. Estou com medo.

14

Fomos tiradas do DOPS sem aviso, de surpresa. Ninguém lá dentro sabia que seríamos removidas, muito menos para onde iríamos. Nem nós.

Fomos levadas de noite para o presídio Tiradentes, um lugar fétido. Era um prédio decadente, corroído pelo tempo, e dava a impressão de nunca ter sido terminado. As imagens que me sobram daquele presídio não são claras. Lembro-me de estruturas aparentes, escadas em material bruto, grades oxidadas nas janelas. Um pátio interno sujo, exalando umidade e urina.

Puseram-nos em uma cela enorme. Só de manhã pudemos ver o ambiente. De um dos lados, o que dava para o pátio interno, não havia parede, apenas a grade bem grande. Olhando para baixo, podia-se ver, a uns dez metros, uma estranha construção: uma parede com muitas portas estreitas, sem postigo, próximas umas das outras, e um pouco levantadas do chão. Quem não sabe, como eu não sabia, o que é uma solitária, ao olhar de fora pergunta-se pela divisão interna daquele espaço estranho.

Até nós subia um cheiro ácido de matéria decomposta. Por baixo de algumas das portinholas escorria um líquido que deixava uma marca escura no chão. Escutavam-se gritos, gemidos, berros, vozes de homens trancafiados, explodindo palavrões e obscenidades.

Mas, naquele ambiente, nenhuma palavra é obscena. A condição a que o homem está submetido sim é obscena, é o máximo da obscenidade.

Dentro de um lugar como aquele um homem pode gritar qualquer coisa, fazer qualquer coisa, e nada superará o horror da condição subumana a que está submetido.

Meio-dia vem um funcionário, agora não mais o carcereiro com ar de chefe de família. Um sujeito com cara de qualquer coisa: frequentador de bares, usuário do meretrício, tipo de esquina postado a mexer com mulher na rua, desocupado, funcionário público sem função na repartição, policial à paisana infiltrado em sindicato, segurança pessoal de contraventor de segunda classe, ator de filme pornô, cafetão das próprias irmãs. Empurra pratos de comida por baixo das portas.

Alguns pratos permanecem intactos, outros são devorados rapidamente, mesmo com ausência de talher.

Os odores tornam-se confusos e misturados: à forte acidez dos detritos e recantos imundos mistura-se o cheiro da comida e o das defecações do meio-dia.

Alguém geme, um gemido cansado que se prolonga por horas. Os pratos de comida permanecem no chão, em cima daquela destilação fétida e escura, até que o funcionário venha apanhá-los, bem mais tarde.

No fim da tarde daquele dia vêm dois funcionários com chaves e abrem uma das portas. Dentro está um homem, treme dos pés à cabeça, sem poder se controlar. A cela é um cubículo onde cabe uma pessoa em pé. O homem está sentado, ou melhor, derreado, com as costas apoiadas em uma das paredes laterais e os pés na outra. Tem as pernas dobradas e a cabeça tombada sobre os joelhos. Na posição em que se encontra, não caberia na cela se se encostasse à parede do fundo, pois o espaço não é quadrado, tem mais largura do que profundidade.

O infeliz tinha feito ali as necessidades. O que se viu era a expressão da mais absoluta miséria, com o homem, esse mesmo, criado à imagem e semelhança de Deus, reduzido a imundície.

Outros presos foram trazidos e carregaram o homem. Depois lavaram tudo. Preparavam as dependências para novos futuros hóspedes.

Presenciamos aquelas cenas por descuido deles. Naquela mesma noite nos removeram para uma cela com parede ao fundo, não mais com grades.

Lá fora ninguém sabia para onde tínhamos sido levadas.

15

Chegamos ao Tiradentes ainda no começo da noite e ficamos sozinhas, isoladas. Ninguém sabia de nós. Naquela noite não éramos mais nós mesmas. Havíamos perdido a nossa vinculação com o mundo, com os estudantes, nossas famílias, outros presos do DOPS. O advogado não sabia de nós. Estávamos muito assustadas. Procurando não entrar em pânico, conversamos sobre nossa situação e integridade física. Minha amiga foi direto ao ponto: se saísse inteira daquilo, abandonava tudo e voltava para a casa dos pais no seu Estado natal. Ainda argumentei que não era justo, que eles não podiam decidir nossos destinos, que nossos ideais eram nobres. Ela ria, nervosa, me contestando.

Qualquer barulho nos assustava. Viriam ainda nos buscar naquela noite? Jogar-nos ao mar, enviar-nos à Ilha das Cobras, meter-nos em um buraco qualquer? Dissimulávamos o pavor.

Bem mais tarde escutamos vozes de homens e mulheres chegando: uma altercação ríspida, quase gritada, feria o silêncio e vinha se aproximando. O palavreado era chulo, provocador.

Era um grupo grande de mulheres apanhadas nas ruas de São Paulo. Meio à força, empurradas, foram postas na cela vizinha, que era idêntica à nossa, separada da nossa apenas por grades. Pareciam duas grandes jaulas.

Diferente de nós, que andávamos quase sempre de calças compridas e blusão, elas vestiam saia justa, muito apertada. Andavam de salto alto e usavam maquiagem. Cada grupo se olhou estranhando-se e, durante alguns segundos, talvez se perguntando sobre a identidade do outro.

Ante a certeza de uma noite a ser passada na cadeia, e como em geral para elas não era a primeira nem seria a última vez — elas sairiam no dia seguinte sob fiança — começaram a tirar a roupa e os sapatos desconfortáveis. Algumas ficavam de calcinha e sutiã, outras não traziam nada por baixo. Mais tarde vestiriam a roupa do avesso, porque a noite estava fresca e iriam dormir umas encostadas às outras sobre o cimento bruto.

Nós estávamos salvas. Havia de novo gente à nossa volta. Dormimos.

De manhã o espetáculo era aterrador e outros cheiros se acrescentavam ao ambiente: maquiagem e perfumes delas. Uma delas subiu nua ao parapeito da janela. Agarrada às grades, braços e pernas abertos, ela se dava em espetáculo a quem pudesse vê-la: gritava e xingava o mundo, as cadeias, os carcereiros, a vida. No mesmo instante mudava o tom. Passava a sussurrar e a produzir sons e gestos sensuais. A gritaria masculina dava o recibo daqueles chamados.

16

A solidariedade humana desinteressada nos ligou de novo ao mundo. Uma das mulheres levou para fora um recado nosso para o advogado. A ilegalidade era evidente naquele lugar nojento, imundo.

Ocioso é falar em condição de preso político, ou nível universitário, ou duas moças cujo crime era ter ideias na cabeça; o presídio Tiradentes, aquela cloaca imunda, não era lugar para nenhum ser humano, por mais degradado que fosse.

Tínhamos sido retiradas do DOPS à noite, de forma clandestina. Ninguém sabia que íamos sair dali, nem nós mesmas, nem os companheiros de prisão, nem os familiares ou o advogado. Um dia, sem avisar, eles nos fizeram entrar em um camburão fechado, estacionado no pátio, e depois nos fizeram descer em um outro pátio. Ignorávamos onde estávamos.

Um homem trouxe colchões e naquela noite, como em todas as outras que permanecemos ali, dormimos no chão. Foi uma deferência especial, as prostitutas dormiam no cimento. Soubemos depois que alguém detido no DOPS avisou que tínhamos sido retiradas naquelas condições. O advogado começara, então, uma busca por delegacias e presídios. Verificou até em delegacias de bairro. No Tiradentes, lugar bastante improvável segundo o raciocínio dele, negaram a nossa presença. Estávamos em lugar ignorado.

Era o prenúncio das barbaridades que começavam e que muitos de nós chegaríamos a atribuir ao caráter desajustado deste ou daquele agente investido em altas funções na hierarquia da polícia. Assim ficamos vários dias. Não víamos ninguém a não ser os presos — muitos urrando nas solitárias — e o carcereiro que trazia a comida. Eu me fazia de forte. A situação era bastante assustadora para nós duas, e particularmente injusta para a minha companheira de prisão.

17

Nunca mais nos vimos. Antes daquilo, nos conhecíamos pouco. Falamos algumas vezes, mas éramos quase estranhas. Fomos juntas ao Sete de Setembro e ela acabou sendo presa. Era uma pessoa simples, incógnita, não tinha por que estar ali, a não ser por estar me acompanhando. Não falava em assembleias, era moderada, recatada. Gente humilde do interior, pais modestos. Não merecia ter passado por aquilo.

Era muito comunicativa. Através da amizade com uma das prostitutas, ficamos sabendo onde estávamos e pudemos mandar para fora o recado ao advogado. Guardei a imagem dela. Admirei suas qualidades humanas e a maneira despojada de ser. Era simples, despretensiosa, solidária e não fazia por esconder o que sentia. Havia nela sinceridade de sentimentos; era espontânea e natural. Não tinha medo de que pensassem que ela fosse fraca, vacilante. Não trazia couraça postiça de quem achava que sempre devia ser firme, ter posição e certezas sobre todas as coisas.

Ela fez amizade com a moça, com mais de uma. Ganhamos a simpatia e a solidariedade delas, pois sabiam das manifestações estudantis e entenderam logo por que estávamos ali, mas para elas era burrice duas moças "de família", estudantes, futuro garantido, estarem complicando a vida com "arruaças". Diziam que cadeia podia ser para elas, mas não para nós. Falamos dos nossos ideais. Faziam pouco caso. Ficamos sabendo que muitos policiais usufruíam vantagens com elas por meio de subornos. Elas os tratavam como covardes e os afrontavam de todas as maneiras. Diferente de nós, que evitávamos qualquer confronto e não revidávamos a provocações. Ensinaram-nos a história da roupa do avesso. Não nos importávamos de ficar com as roupas amarrotadas e sujas, isto para nós era o de menos. E não usamos o batom que nos ofereciam.

18

Mais de uma vez negaram ao advogado que estivéssemos ali, mas ele conseguiu uma ordem judicial.
    Pareceu um anjo caído do céu. Estávamos salvas. Minha amiga foi para casa com um *habeas corpus* e eu fui para o Carandiru.

19

Dizem os que estão fora dela que a cadeia é uma escola, e quem está nela aprende de tudo. É mais do que isso, muito mais. Cadeia também é lar, um lugar para se viver.
    Falar na cadeia, pensar a cadeia, enquanto estamos no recesso do lar, banheiro completo, suíte, tapetes, carro na garagem e conta no banco, é uma coisa. É um lugar abominável para onde vão criminosos, pessoas que cometeram crimes

mais ou menos graves e, às vezes, porque infelizmente o homem erra, por ser homem, algum inocente. Estar na cadeia é um castigo que os justos impingem aos pecadores. Lá vão expiar suas culpas por um tempo que os poderes do Estado determinem. Quando um homem sai da cadeia, ou está derrotado, humilhado frente à família, aos conhecidos e a si mesmo, ou se tornou um cínico, social e humanamente, ou está pior do que quando entrou.

Como as pessoas de bem olham os presidiários e ex-presidiários? Com desprezo, desconfiança, distância. Quem aprontou uma vez aprontará duas, dez, ou melhor, quem pagou por aprontar uma vez pagará duas etc. Até aí não há grande novidade. É assim que os ricos sempre olharam os pobres.

Ou será que um rico que passe pela cadeia é igual a um pobre que passe por lá? Um estelionatário que frequentou a universidade, passa as férias na Europa e circula em palácios é a mesma coisa que o pé de chinelo que falsificou alguns cheques?

Praticar crimes pode até dar *status* e merecer simpáticos nomes, dependendo de quem os pratica. Se para cada ladrão de verdade existente no país soltassem dez infratores de idade entre dezoito e 22 anos, nas cadeias sobrariam poucos criminosos, e estaria ocorrendo menos injustiça.

Com os crimes políticos ocorre coisa parecida. Quando não conseguiam justificar a perseguição à juventude, utilizavam clichês vazios de conteúdo, mas plenos de preconceitos. Uma coisa consola: demora, mas o furacão da História tudo varre, até entre nós.

Como a relação de poder nunca se inverte, os poderosos têm teorias perfeitas sobre a cadeia, formuladas por psicólogos e assistentes sociais, todos com boas intenções.

Mas como seria se as relações sociais não fossem tão estáveis? Se houvesse mobilidade no controle do poder? Tal consenso iria para o ralo, certeza.

Quem está fora vê a cadeia como um lugar para os outros: para bandidos, ou para trouxas, ou para bandidos trouxas.
Mas e quem está dentro, como a vê? A perda da liberdade física não traz os mesmos sentimentos para todos, mas sempre resulta de uma imposição. É uma ação de força sobre alguém que se enfraqueceu, deixou-se surpreender. Perde-se um bem fundamental, ganha-se o tempo da maturidade, do remoer ódios, planejar vinganças, cultivar espertezas.
Uma pessoa que passou pela cadeia jamais será igual às outras, nem igual a si mesma.
Muitos no país foram e ainda são alvo de preconceito racial, social, profissional e tantos outros. Mas quem passou pela cadeia passou pelo preconceito maior, o de ter sido enjaulado, isolado, julgado socialmente. Talvez até por gente pior do que ele.
Inútil pensar que um ano, dez anos, qualquer quantidade de tempo pode repor esse bem perdido.
Quando adentrei o portão do DOPS naquele camburão, pensei que estivesse perdendo o encontro com o namorado no sábado seguinte e começando a ganhar experiência e maturidade.
Eu era jovem então. Fiquei 33 dias presa. Tinha a cabeça cheia de sonhos. Olhava para o futuro e via um mundo de promessas. Pensava que muitos sacrifícios seriam necessários, que não importava deixar temporariamente a universidade e a vida profissional, pois a recompensa superaria tudo: um mundo novo para todos.
A longa noite de terror que se abateu sobre nós logo depois desmentiu os sonhos. Nossa juventude se espalhou pelo mundo, ou morreu assassinada, ou se calou. O país ficou melhor? Tem gente que diz que sim, que este país era bom no tempo do milagre econômico, especificamente quem desfrutou do milagre.
Era o tempo do *Ame-o ou deixe-o*, um slogan cínico e perverso.
Era o Brasil de todos os vícios: segregação social, roubalheiras, abuso de poder, tráfico de influências, cartelização, cor-

porativismo, ilícitos de todo tipo. Uma sociedade desprovida de mecanismos de autocontrole, com um povo analfabeto, faminto e desagregado pelos processos migratórios internos. Mas com a televisão mais avançada do mundo, com sexo às duas horas da tarde em plena sala e outras coisas fantásticas.

Foram dez anos, ao fim dos quais fui presa novamente. Pelas mesmas coisas do passado. Então, a cadeia não é só o lugar da revolta e do planejamento da vingança. É também o lar. Chorar todos os dias, todas as noites, pelo filho pequeno que sente saudade longe da mãe, pela falta do companheiro, pela privação dos trastes que nos cercam diariamente, pelo ridículo de ter feito planos que nunca poderiam ser realizados. Pelo constrangimento que se está fazendo a família passar, especialmente a família do interior, que quer continuar casando seus filhos, indo às compras, conversando com as vizinhas.

É chorar e chorar. Mas se não é possível refazer a vida, nem se deseja refazer a vida num lugar onde tudo é temporário, e o preso sempre acha que é mais temporário do que na realidade, é preciso, pelo menos, refazer o dia: organizar as horas, sair da autocontemplação ostensiva, decidir não ficar deitado, buscar ocupações, diversificar atividades. Briga-se pela hora de sol, por ajudar na cozinha, por costurar um tapetinho de retalhos; busca-se uma dor no corpo, um inchaço, um dente cariado, para justificar a ida ao serviço de saúde. Pede-se entrevista com a senhora diretora; briga-se com a outra presa, só para ser chamada pela psicóloga, que fala com a gente de igual para igual: nível universitário.

A vida na cadeia continua sendo vida. A sequência da que se tinha antes e da que se terá depois.

Preconceito por preconceito, nós também temos os nossos. Enquanto a liberdade e o reencontro não vêm, planejamos a vingança, que talvez nunca seja executada, a não ser contra nós mesmos.

20

As freiras, a cama branca com colcha de piquê, a televisão no salão de refeição — eu até nem sei se isso existiu mesmo. Eu me lembro disso e do delírio das presas vendo na tevê o Antônio Marcos cantar no Chacrinha: lindo, tesão. Ai, se eu te agarro! O meu repertório era o dos festivais da MPB. Música engajada do Vandré, Chico, Edu Lobo, mas ficava encantada com a excitação delas. Sonhavam com o Roberto Carlos. Eram loucas pela Vanuza e pela Vanderlea. Jogavam beijos estalados, faziam poses sensuais, acariciavam o próprio corpo, oferecendo-se.

— Vem, gostosa, vem com a mamãe!

As freiras eram discretas, faziam que não viam, que não entendiam. Se uma das presas se exaltava demais, a madre se aproximava e, reservadamente, pedia moderação.

Corria o ano de 1968. Saí com *habeas corpus* depois de 33 dias. As delegações para o Congresso de Ibiúna já estavam em São Paulo, eu fiquei de fora.

Ibiúna ficaria na História. Os organizadores do congresso também. Todos presos, em fila indiana. Cobertores nos ombros, chuva na cabeça. Muita dor e sofrimento no país inteiro entre os estudantes que tinham participado da escolha dos delegados. As famílias, assustadas. Muitas nem sabiam que os filhos estavam nisso.

Entre os delegados não havia terroristas. Só estudantes. Alguns fora de fase em seus currículos, outros, aplicadíssimos.

Era um final de tarde. A noite que começava reservava grandes novidades, todas terríveis: tortura, mortes, atos institucionais, porões, mães desesperadas, lares desrespeitados, medo, desconfiança, mortes, lei de imprensa, AI-5, doença de Costa e Silva, Junta Militar, escuta telefônica, clandestinidade, tortura, morte, censura, perseguição, sequestro de embaixador, troca de reféns, cerco ao aparelho, mortes, Lamarca, Marighela, Yara, Helenira, Arantes, Guerrilha do Araguaia, pensamento Mao-

-Tse Tung, marxismo-leninismo, DOI-CODI, porões, choques elétricos, prisões, desaparecimentos, Honestino, fuzilamento, Paulo Wright, Mata Machado, delação, pronunciamento na televisão, busca, apreensão, invasão, freiras torturadas, mães desesperadas, exílio.
Brasil, ame-o ou deixe-o! Pombas.
Exílio. Chile. Allende. Sedição. Morte.
Exílio. Ai, os meus filhos! Que mundo estou dando a eles.
Amar, amar, amar e morrer amando os meus filhos. Pelo menos, se a vida durar um dia só, morreremos nos amando.
Brasil, amo-o e deixo-o.
Milagre econômico. Estádio de futebol. Copa do México. Ai, taça levantada, quantas vezes te odiei. Radinho de pilhas, torcedor do Grêmio. Aqueles olhos claros, bonitos. Tanta maldade sendo praticada.

21

Nosso exílio durou dez anos. Quatro ainda aqui dentro, morando no Sul, e seis lá fora.

O retorno ao país em 1978 foi para cair direto na cadeia. Um mês na Polícia Federal da rua Piauí em São Paulo. Sete meses no Carandiru. Eu era mesmo uma pessoa muito perigosa.

Reencontrei lá dentro as funcionárias do ateliê de costura do presídio. Gente que eu tinha conhecido dez anos antes. Passei muitas horas com elas, fazendo toalhinhas de crochê e tapete de retalho, para ajudar o tempo passar.

Uma delas me trouxe livros de presente. Era costureira do presídio, fazia as roupas das presas, roupas grosseiras, padronizadas, mas tinha alma de artesã, sensível e atenta. A religião dava-lhe aquela ternura. Preocupou-se em me trazer livros, não qualquer livro, mas da melhor literatura. Com eles comecei a refazer minha estante e a nutrir a esperança de voltar a ter de novo alguma coisa minha.

22

Saí de São Paulo no início de 1969. O AI-5 impedia que gente como eu continuasse a seguir vida normal. Em dezembro de 1968 ficava claro que o país não voltaria tão cedo à normalidade. Entre 1964 e 1968 havíamos tido cerceamento das liberdades, mas nada que pudesse ser comparado ao que viria em seguida. Deixar a universidade significava pagar um alto preço, já que os sacrifícios feitos para chegar até ali não tinham sido pequenos. Além disso, não era só a universidade como um lugar de estudo. São Paulo era a cidade que eu tinha escolhido para viver e fazer meu futuro. Ali eu morava, tinha parentes, amigos, apoio de todo tipo. Ali eu trabalhava, tinha meus alunos, colegas de profissão. Frequentava cinemas, teatro, tinha conta em banco, conhecia gente no bairro. Enfim, toda minha vida estava em São Paulo e na cidade onde nasci. Mas eu precisava abandonar esses lugares, sem olhar para trás, sem previsão de data para voltar nenhuma vez sequer.

Entre 1968 e 1972, ano da saída do país, fiquei no Paraná primeiro e, depois, um tempo curto no Rio Grande do Sul. Eu tinha conquistado meu lugar ao sol em São Paulo, e agora voltava à estaca zero, em todos os sentidos, pois era impossível retomar minhas atividades e levar uma vida normal.

Precisei mudar minha aparência, cortar os cabelos, tingir, usar roupas que me descaracterizassem. Essa descaracterização não era muito fácil, dado o meu tipo físico: alta, magra, cabelos compridos, rosto e nome conhecidos. Durante um bom tempo eu me senti mutilada no aspecto externo e no psíquico. Passei a viver entre gente humilde, que mal tinha com que se alimentar de forma precária. Eram pobres, seus filhos, desnutridos, alimentados apenas com mingau de mandioca na mamadeira. Moravam em casas sem banheiro e quase não possuíam o que vestir. Entre aquelas pessoas, os com idade próxima à minha não haviam frequentado escola. Nem sequer poderiam imaginar um mínimo de tudo o que eu já tinha visto e estudado, ou ter qualquer noção das imagens e sonhos que povoavam a minha mente. Era difícil, e eu precisava ser um deles, até para sobreviver. Me vestir e calçar como eles; falar, comer, andar, expressar-me como eles. Esquecer as comidas simples, mas delicadas, feitas por minha mãe, e adaptar-me a comer feijão, muitas vezes mal cozido, farinha e sardinha na salmoura. Arroz, raramente. Para adaptar-me, precisava renunciar a minha vida passada e acreditar que o que eu estava fazendo tinha um sentido e uma finalidade.

Foi uma ilusão pensar que aquela pudesse ser uma forma eficiente de criar consciência política nas pessoas e organizá-las para resistir à falta de democracia. A forma de governo e a maneira como ele se exerce sobre a população nada significava para aquela gente que, vivendo sua humilde vida, mal satisfazendo as primeiras necessidades, era muito diferente de nós e da população dos grandes centros. Eles nada sabiam da situação política do país. Ali não se lutava por liberdades mais amplas. As necessidades ainda eram as da sobrevivência. A expressão da democracia era ter feijão no prato no dia seguinte.

Para mim foi uma experiência única. Tive que aprender de novo o beabá da vida, viver na humildade e na pobreza, habitar casas menos que precárias, ficar sem comer pão, tomar leite, provar uma fruta. Tive que usar roupas e sapatos adequados ao ambiente e ao papel que eu estava desempenhando. Esquecer os temas dos meus interesses, falar apenas do dia, deixar o passado de lado. Tornei-me uma pessoa calada, não gostava de contar histórias inventadas sobre o meu passado, como outras pessoas sabiam fazer. Eu tinha a pele branca, o cabelo delicado. Meus pés se enchiam de bolhas quando andava muito.

Não podia me expor, aparecer demais. Seria arriscado para mim e para as pessoas com as quais eu convivia. O resultado foi uma vida de confinamento e solidão, apesar de estar sempre no meio de gente.

O TEMPO DAS ESCOLHAS

Quando fui para Curitiba foi um pouco melhor. Fiquei hospedada durante um tempo curto com gente parecida comigo. Ali eu podia conversar, ler, comer do jeito que gostava, usar banheiro. Mas não podia viver como eu mesma, retomar minhas atividades, voltar a pensar e agir de acordo com meu próprio universo. Continuei a levar uma vida artificial, sem retomar os estudos, sem trabalhar na minha profissão e nem mesmo assumir a verdadeira identidade. Eu andava na cidade, por lugares onde não circulasse muita gente para não correr o risco de ser reconhecida. Cheguei a tomar ônibus urbano algumas vezes. Essa relativa liberdade fez muito bem aos meus 25 anos, mas paguei caro por ela. Fui vista por alguém que me denunciou, julgada à revelia e condenada. Quando retornei do exílio quase dez anos depois, fiquei presa por causa dessa denúncia. E o delator me conhecia desde que eu era criança, fomos quase vizinhos durante a minha infância e juventude. Não sei por que aquele homem, que sempre considerei uma pessoa de bem, se comportou daquela maneira por livre e espontânea vontade.

Por causa de problemas desse tipo, era impossível permanecer no mesmo lugar por muito tempo. Dali fomos para Porto Alegre, onde demoramos pouco. O suficiente para meu filho nascer. As perseguições tornavam inviável a permanência no país. Amigos nossos estavam tendo graves problemas. Paulo Wright, José Carlos da Matta Machado e Gildo tinham sido mortos, sem defesa. Isso nos apontou claramente o caminho do exílio como a única saída. Nosso bebê ainda não tinha um mês e tivemos que cair na estrada, em busca de uma pátria adotiva, pois a nossa nos expulsava.

23

Em 1968 perdi todos os livros que tinha juntado durante os anos de universidade e 2º grau.

Em São Paulo eu frequentava livrarias e bibliotecas. Comprava o que meus recursos me permitiam. Ia muito dinheiro na compra de livros, que eu recebia das aulas dadas no cursinho e no colégio. Frequentava a Livraria Francesa onde comprei livros importados, caros para as minhas posses. E lia. Não havia vez que saísse de casa sem carregar um livro. Aproveitava o ônibus, o bonde, o tempo de espera, os intervalos.

Quando tive de ir embora, deixei livros, roupas e objetos pessoais adquiridos aos poucos e com sacrifício. Nunca mais voltei.

Naquele ano o CRUSP, nossa residência na Cidade Universitária, foi invadido e, de certa maneira, destruído. Deixou de ser o ponto de encontro dos estudantes de São Paulo e do Brasil.

24

Li uma entrevista dada pelo Gilberto Gil em que ele dizia entre outras coisas ser filho de médico e que, como tal, tinha acesso aos bens culturais.

Eu era filha de lavradores não escolarizados.

Para quem pede acesso ao mundo da cultura letrada é muito diferente ser filho de médico em Salvador ou de lavrador semi-alfabetizado num distrito do interior de São Paulo.

Para começar, eu não tinha noção real das minhas limitações. Tive acesso à cultura letrada depois dos dezesseis, dezessete anos. Como saber as dimensões daquilo que não se conhece?

Queria alguma coisa mais.

Hoje, escrever ajuda-me a organizar as ideias e a vida. E a entender os fatos para não ficar procurando culpados de coisas não realizadas. Sinto-me com direito à palavra, conquisto assim minha liberdade pela via da livre expressão e não fico remoendo ideias fixas. O passado, já não tenho mais a impressão de o estar carregando como um fardo. Tenho me sentido mais contente, mais disposta e com saúde. Já não estou apenas quieta.

Estou conseguindo falar, conversar com as pessoas sobre aquilo que ficou tantos anos soterrado pelo silêncio: o passado. Olho para trás e percebo que passei muito tempo procurando, com o meu silêncio, não chocar os que tinham recordações doloridas. Andei até meio escondida, não gostava de ser reconhecida. Se me viam, eu evitava conversar, ou falava só de banalidades, para que não associassem a pessoa do presente com a do passado.
Eu não me pergunto: quem sou? Me pergunto mesmo: o que sou? E nessa pergunta vai embutido: o que fiz no meu passado?

25

Quando retornei do exílio caí em uma dura realidade, a prisão, que me separou dos filhos. Eu podia aceitar qualquer coisa, menos separar-me de meus filhos. Fui privada da convivência dos amigos e sofri a ausência, e às vezes até hostilidade, de quem tinha vergonha da palavra cadeia. O que se ganhava visitando preso político naquela época? Só dor de cabeça, porque era preciso solicitar autorização especial, e o nome da pessoa ficava lá. O AI-5 estava vigente. Então as pessoas se justificavam. Sentiam-se constrangidas a se justificar como se a culpa fosse delas por não poderem estar mais perto de mim.

Todo mundo era visado naquela época, pelo menos boa parte dos que eu tinha vontade de ver.

Amizade, solidariedade não eram suficientes para explicar uma visita ao presídio, ou à minha casa depois que saí.

Tornei-me clandestina no dia 13 de dezembro de 1968. E acho que nunca saí completamente dessa condição. Desde então tenho vivido modalidades diferentes de clandestinidade, segundo a etapa por que passo e as circunstâncias que me cercam. Clandestina dos outros e de mim mesma. Nesses anos todos existe um marco: 1985, quando consegui um emprego. Não pude, com isso, resolver o problema da clandestinidade, mas pelo menos colei por cima das identidades anteriores uma mais adequada àquilo que eu queria para mim.

A partir dali, ia buscar a independência econômica, ser de novo, capaz de me sustentar. Só que agora eu lutava contra o tempo e disputava espaço com gente vinte anos mais jovem e uma linguagem mais de acordo com os tempos.

26

Escrevo para tentar sair da clandestinidade, voltar à luz, dizer a mim mesma: O passado não me pesa. Não quero esquecê-lo, nem ignorá-lo. Quero compartilhar o meu passado que é, de certa maneira, o mesmo da minha geração. E o passado da minha geração é um pontinho pequeno, talvez insignificante, mas um pontinho real da história do país. Quero fazer com o passado o que faço com o feijão antes de pôr de molho: espalho em cima da mesa, uma xícara de cada vez. A mão vai ágil, treinada, separando. Mas quem sou eu para sequer comparar minha linguagem com a do poeta? Além do mais, ele é nordestino, e eu, paulista. Ele diz *catar feijão*, e eu, *escolher*. Para mim, catar feijão é recolher o feijão de algum lugar onde foi jogado. É a imagem necessária de meu pai:

— Vai ajudar sua mãe, menina. Não tem o que fazer?

Não. Não tinha nada para fazer. A mãe confirmava, até para ficar livre da criançada. Foram muitas crianças, durante muitos anos da vida dela. De vez em quando mandava brincar. A pobre devia sentir vontade de um pouco de sossego, de ficar por alguns instantes sem aquela filharada por perto.

Ele não desistia, acreditava no trabalho.

— Mulher, põe essa menina no serviço. Se falta o que fazer, joga feijão no chão e manda catar, sem perder nenhum grão.

Era assim, toda a vida. Quantas vezes o vi abaixar-se para apanhar um grão ou um prego extraviado. Para ele cada coisa tinha o seu lugar conhecido: o lugar dos pregos, do serrote, do martelo. O prego de pendurar o arreio do animal. Quando não encontrava o que procurava, tremíamos. Ninguém se atrevia a tirar do lugar alguma coisa do uso dele. As coisas, para ele, eram dos seus lugares.

— Vai levar esta botina ao lugar dela, vai me buscar o chinelo, você sabe onde fica?

Sabia. Havia o canto das enxadas, o tablado dos mantimentos, levantado do chão por tijolos, para proteger da umidade. Os mantimentos, colhidos por ele, eram ensacados. Os sacos de estopa de arroz, feijão, café, eram postos em pé, abertos, com as partes vazias enroladas, deixando à mostra o conteúdo. De lá minha mãe tirava diariamente o que ia ser cozinhado. Durava até a colheita seguinte. Lá ficava o açúcar, também em saca. Nada ele comprava por quilo, a não ser alguma coisa que a horta não estivesse produzindo e, um dia, ele sentisse vontade de comer, como tomate. Chegava em casa com um pacote de tomate, alguns quilos, acho que nunca era um quilo só, depositava com calma em cima da mesa.

— Mulher, faz salada.

Era para fazer com tudo, que ele não gostava de miséria. Minha mãe obedecia a contragosto, achava exagero. Dona de casa, administradora dos bens de cada refeição, preferia repartir, um pouco por vez, que era tão bom ter uma salada de tomates, ou um molho para a mistura. Mas não, ele queria que cortasse tudo. Comíamos na hora da refeição. Eu não gostava muito do tempero azedo de vinagre. Ele comia mais que todos e não desperdiçava o tempero que tinha sobrado no fundo. Alguma vez ele me fez experimentar. Minha mãe não aprovava que ele bebesse e muito menos que desse para as crianças: sal e vinagre cortam o sangue. Quando ele morreu, de mal súbito, na força dos cinquenta anos, responsabilizamos em casa o tempero da salada, entre outras coisas. Minha mãe também achava que mulher menstruada não podia tomar limão, com ou sem açúcar. E não se podia lavar a cabeça. Eu já tinha vinte anos, estudava na maior universidade do país e ainda lavava a cabeça meio escondido dela, ou então fazia isso de maneira desafiadora, usando a medo argumentos científicos recém-adquiridos no 2º grau, que uma coisa nada tinha a ver com a outra, e tomar um sorvete até fazia bem.

Aqueles dois eram parecidos em muitas coisas, como acreditar no papel do trabalho para a vida e para o caráter de uma pessoa e na importância de as coisas estarem sempre em seus lugares para que não fosse preciso procurá-las. Mas eles tinham também as suas diferenças. Brigavam às vezes. Eu percebia que minha mãe chorava, e fazia confidências a minha irmã mais velha. Eu tinha ciúme dessas confidências e ficava magoada por não merecer a confiança de minha mãe. Eu só tinha nove ou dez anos.

Lembrei de tudo isso por causa da história do catar feijão.

27

Cresci numa família possessiva, de sentimentos muito fortes, controladora, com ideias bastante precisas do certo e do errado, da obrigação e da proibição. O mundo, o nosso mundo, era só um pouquinho maior do que a família. Não era bem-visto fazer planos individuais, ter projetos particulares, pensar em diferentes caminhos possíveis para as pessoas e em suas diferenças. Tudo devia servir para todos. A família tinha de ser preservada, o nome precisava ser honrado.

Quando meu pai morreu, meu irmão mais velho tomou o seu lugar. Ele quis ser o eixo nuclear da unidade familiar. Nenhum de nós estava destinado, de acordo com aquela maneira de pensar, a viver de salário, por exemplo. Ser assalariado era submeter-se a uma condição aviltante.

Se alguém conseguia, através de esforço e determinação particulares, obter algum dinheiro extra, não estava autorizado a fazer uso particular dele. Tudo devia ser revertido para o caixa único. Não havia bens individuais. Tudo era posto no nome do chefe de família. Da mesma maneira, ninguém efetuava gastos por conta própria, de acordo com necessidades particulares. Insinuar que as coisas pudessem ser de outra forma configurava desrespeito, até traição. Isso pode dar uma ideia de como era difícil procurar caminhos independentes.

Os mais novos resistiam a tal pensamento. Não parecia justo que o sonho de um, apenas pelo fato de ele ser o mais velho e ter-se atribuído a tarefa de nuclear a família, se sobrepusesse a todos os outros. Como as diferenças não podiam aparecer claramente e não era possível conversar sobre elas, manifestavam-se como divergências que levavam a desavenças, como se uns quisessem solapar o interesse coletivo para se beneficiar sozinhos.

Assim vivemos. Uns usando a força de que dispunham para controlar os passos dos outros. A vontade de escapar daquele controle foi criando deserções e distâncias cada vez maiores, mas a independência custou muito a chegar. Custou tempo e decepções.

Quando eu era criança, meu irmão, dez anos mais velho do que eu, era o mais rebelde de todos, queria ser marinheiro.

— Quero ser marinheiro. Viajar nos navios, ir para todos os lugares do mundo.

— Você não tem medo do navio afundar? Morrer afogado?

As palavras dele chocavam, até agrediam. Iam contra o hábito da permanência, cultivado pelos filhos dos imigrantes italianos. Contrariavam o apego à terra, às coisas, à família. Criavam a desordem em um mundo onde cada coisa tinha o seu lugar, estavam ali pacientes esperando pela mão que as fosse apanhar. Os que iam embora deixavam as mulheres sem função, os filhos, sem pai.

Ele queria ter um amor em cada porto, dizia. Nós, as irmãs, ainda meninas, olhávamos para a roupa no varal. No mundo ia haver um lugar com uma ausência: as roupas dele não seriam lavadas na casa dele, não seriam secadas no quintal e nem passadas a ferro pela mulher dele. Ele não ia precisar de mulher que lhe fritasse um ovo na hora do almoço. Será que levavam ovos nos navios?

— Quero que arrebente uma guerra, para ir lutar nela.

Ele era assim, aventureiro, pelo menos nas palavras. Aquela vida em família que os outros desejavam não era nada para ele. Teve noiva, abandonou-a, pôde estabelecer-se, renegou. Raramente visitava a mãe e, quando vinha, logo se estranhavam e escutava coisas guardadas, embaladas pelas mágoas da ausência. Escandalizava os parentes racistas, juntando-se com os pretos. Trazia com ele, das viagens, a namorada do momento e a apresentava a todos: minha noiva. A cada vez uma noiva diferente. Aquele filho desgarrado deixava franzido de angústia o coração da mãe.

Nunca foi marinheiro. Levou uma vida aventureira, meio marginal, percorrendo a Rio-Bahia e a Belém-Brasília de caminhão. Depois enturmou-se com gente de dinheiro e foi tratar de negócios de terra, bem no meio dos conflitos de posseiros. Ia vivendo um dia por vez, fazendo o que dava. Continuou tímido, arredio, com aquele riso mal disfarçado e a gargalhada contida. Boca apertada de quem disfarça, ria de si mesmo, mas não admitia ser alvo de risadas alheias. Não sei onde foi buscar aquele senso de humor corrosivo. De cantar sozinho pelas estradas a bordo do seu caminhão, talvez.

Ele parecia viver não só um dia por vez, mas um sentimento por vez. Se não gostava de uma pessoa, ou não se dava bem com ela, não fazia nada para diminuí-la, nem falava por trás. Não era da natureza dele ficar tirando as coisas a limpo, nem fazia questão de ter tudo muito bem esclarecido sempre. Alguns achavam que isso era um defeito. Ele tinha um jeitão diferente dos outros e não achava que devia mudar. Menos voltado para dentro de casa, minha mãe, tão diferente dele, o via como uma pessoa de temperamento intratável. Ele não se preocupava em ser educado conosco, suas irmãs, mas não era nem frio, nem indiferente. Pelo contrário, transbordava de sentimentos mal administrados, numa família onde a manifestação afetiva parecia uma deficiência de caráter.

Seis meses depois de o pai ter morrido, continuávamos, particularmente as mulheres, em completa reclusão, "por respeito". O que podia parecer submissão às regras sociais era, na verdade, altivez e independência da parte de minha mãe, que não queria dar pretextos aos de fora, acostumados, dizia ela, a gastar seu tempo reparando na vida alheia. Nunca mais se ligou o rádio, não se falava alto e pouco se conversava. Minha mãe vestiu luto fechado durante mais de um ano, e eu também usei roupa preta, apesar de ter só doze anos.

Desde cedo toda nossa vida era baseada no trabalho, segundo a herança de nossos pais. Tínhamos um negócio, um comércio familiar, não muito grande, mas bem expressivo para o tamanho da cidade, administrado pelos homens da casa.

As meninas ficavam da porta para dentro, a não ser depois de encerrado o expediente, quando ajudávamos a limpar tudo para a manhã seguinte. Dentro de casa tinha muito serviço de mulher, pois éramos muitos. Não tínhamos empregados.

Além de necessidade, o cumprimento da obrigação forjava o caráter. Ter uma função em prol do bem comum familiar, e desempenhá-la corretamente, era manifestação de que as crianças estavam crescendo direito e, no futuro, seriam pessoas de bem.

A ociosidade era duramente criticada. Eludir o trabalho, fugindo dele ou fazendo malfeito, era considerado falta grave. Ninguém dava conselhos a ninguém, pois todos eram capazes de enxergar. Bastava olhar em volta e descobrir que havia coisas a fazer. Enquanto os mais velhos estivessem trabalhando, os mais novos não podiam parar. Além disso, não era bem-vista a atitude de ficar perguntando o que fazer e como fazer. Era preciso descobrir por conta própria, o que só era possível estando muito atento o tempo todo. Como os serviços eram sempre mais ou menos os mesmos, e a ordem era economizar tempo e esforço, era só fazer corretamente uma vez para não esquecer mais. Se alguém, mesmo que fosse uma criança, já tinha feito um serviço uma vez, na segunda não podia errar ou deixar pela metade. Os mais velhos deviam dar exemplo aos menores. Só a doença podia justificar uma obrigação não cumprida. O lazer não era tolerado durante a semana, O sábado à noite e o domingo eram dias de descanso, diversão e missa. Então não se trabalhava.

Meu irmão marinheiro não gostava do rigor daquelas normas implícitas. Pelas veias dele devia correr um sangue diferente, que o fazia sonhar com a vida errante, e lhe dava uma rebeldia calada e persistente. Era diferente. No vestir, vaidoso; no comer, seletivo; na administração do tempo, completamente pessoal. Neste último aspecto, era um constante motivo de discórdia dentro de casa, onde o tempo era um bem coletivo, e todos deviam encaixar-se com presteza e eficiência, tomando para si apenas o mínimo necessário. Não havia tempo a perder. Em seu silêncio ele não parecia tomar conhecimento da maneira como os outros organizavam a vida. Era grandalhão, lento, mais pesado que os outros, embora fosse até mais magro. Movia-se mais devagar. Olhar e pensar exigiam momentos próprios. Não gostava de concomitâncias. Se estava fazendo alguma coisa, e falavam com ele, ou não tomava conhecimento, parecia que nem tinha escutado nada, ou então interrompia o serviço, perguntava qual era o problema e só se manifestava depois. Dava a impressão de que precisava pensar para dar a resposta. Isto também não agradava porque — era o pensamento geral, quem pensava muito tinha alguma coisa a esconder.

Quando se sentia à vontade, livre de vigilância, era uma seda, uma bondade. Dava-se melhor, porém, com as pessoas de fora de casa. Se não gostava de alguém, geralmente dissimulava, saía de perto, não ia tirar satisfações, e não lhe fazia falta dizer a palavra correta. Talvez por isso tenha ficado uma certa impressão de que ele tivesse importância menor numa casa em que a manifestação de poder se fazia aos gritos, com argumentos sempre emocionais e contundentes que não davam tempo às ideias contrárias de se verbalizarem. Magoado, sabia ser frio e rude. Utilizava uma expressão irônica e mordaz, o que estranhamente lhe conferia um ar desafiador, mas distante, dissimulado, de quem está sentindo desprezo pela briga iminente, valorizada por alguns como o último recurso para a defesa de princípios fundamentais. Se ocorria alguma desavença, ele fugia do convívio familiar e social. Andava um tempo pelos cantos. Era a maneira dele. Emotivo, as coisas o faziam chorar com facilidade. Quando se emocionava, deixava logo transparecer. O rosto parecia ficar ainda maior, o nariz se avermelhava e avolumava, os lábios ficavam inchados, e os olhos, muito miúdos. Algumas vezes eu o vi chorar de verdade, soluços fortes, arrancados do fundo do peito enorme. Dava muita vontade de passar a mão naquela cabeça grande, meio ovalada, que mais tarde ostentaria fulgurante careca. Chorou quando, já na maturidade, o irmão do meio morreu, ainda novo, aos quarenta e poucos anos. Ele soluçava, convulsivamente, sem consolo, um choro doído, das coisas malresolvidas, da infância mal-acabada, da idade adulta sem as recompensas que todos sonhamos alcançar um dia.

Quando o padre Donizete de Tambaú começou a fazer as suas curas, em casa se fez um balanço para saber quem precisava de milagre. Não foi difícil: família grande, cheia de crianças, uma com bronquite, outra com problema de vista, outra que não ia lá muito bem na escola. Isso sem falar de minha mãe, sempre meio adoentada. Iriam todos que tivessem alguma "dúvida".

Todos queriam ir a Tambaú para ser abençoados pelo padre, menos o meu irmão marinheiro, que nunca se queixava de doenças. Às vezes falava que não enxergava com um dos olhos, mas fazia isso de um jeito meio dramático, debochado, como se se achasse melhor do que os outros por ser diferente em alguma coisa. Quase ninguém acreditava nessa história, diziam que ele era fiteiro, e ficava por isso mesmo.

Não quis ir. Talvez não acreditasse tanto assim em milagres, ou tinha medo de ser curado e ficar igual a todo mundo. Gostava de ser como era. Andava bem-vestido, sapato bem-cuidado, a vaidade sempre evidente, o que não combinava muito com a rusticidade geral dos outros.

Partimos de madrugada, de caminhão, para viajar com o ar fresco. Ele se levantou e veio nos ver partir. Estava emocionado, como geralmente lhe acontecia nas ocasiões solenes, e fez uma promessa que todos ouviram:

— Se o padre Donizete curar vocês, eu viajo para Tambaú, levo um caminhão de pétalas de rosas brancas, para agradecer.

A viagem foi silenciosa, pouco se falou. Eu tremia pensando que talvez fosse presenciar algum milagre. No íntimo desejava que tudo ficasse igual, para não ter de viver uma situação tão decisiva, que necessariamente mudaria tudo pela sua suposta grandeza. Podíamos estar na antessala de um acontecimento que mudaria nossas vidas. O silêncio me criava um bolo na garganta, tinha até dificuldade de respirar. Eu ainda era uma criança, mas imaginei que sobre os meus ombros pesaria, depois do milagre, uma grave responsabilidade, e eu não poderia mais ser a mesma pessoa. Não poderia mais cometer pecados, como pegar doce escondido ou ter minhas sigilosas dúvidas sobre a existência de Deus. Eu ia ser uma pessoa muito diferente, nunca mais ia poder me apossar do troco do açougue, não ia mais ter aquela vontade incontrolável de ler gibi, coisa que aborrecia muito minha mãe, e ia ter de parar de brigar com minha prima no caminho da escola, mesmo que ela continuasse me chamando de caipira, como costumava fazer. Não ia mais poder viver como até ali, sem gostar de tomar banho e com medo de alma do outro mundo. A solução talvez fosse entrar para um convento, já que não teria mais tentações. Ou, quem sabe, morreria logo em seguida, pois não haveria motivo para minha alma, tão recompensada, ficar carregando um corpo impuro. Ainda cheguei a pensar que, tocada pelo milagre do santo, eu também me tornaria santa. Se fosse assim, eu daria saúde e vida eterna à minha mãe e paz ao coração dos homens lá de casa, porque assim viveríamos mais tranquilos. Lembrava-me perfeitamente das coisas terríveis do catecismo e suava. O vento que entrava pela janela me reportava ao final das procissões, à noite, no inverno, com o padre falando das qualidades dos santos e dos pecados dos homens. Ali, naquele momento, eu olhava para o rosto de minha mãe e não decifrava um significado nele a que eu pudesse me agarrar para sair daquele desamparo. Era melhor mesmo que nenhum milagre acontecesse e ficássemos todos do jeito mesmo que cada um era.

A cidade de Tambaú figurava um espetáculo impressionante: o padre, aquela pessoa miúda, magra, personificava as esperanças de um mundo de gente que fazia uma fila enorme que não terminava nunca, debaixo do sol, calor, cansaço, fome, sede. Gente em cadeiras de rodas, de muletas, carregada no colo, todo tipo de sofrimento humano. Só pobreza, dor. Parecia que os sofredores do mundo todo estavam passando por ali naquele dia, à espera do milagre.

Mais tarde, já em casa, à espera do milagre, que podia vir aos poucos, e não de forma abrupta como se via acontecer com aqueles pobres coitados paralíticos que largavam as muletas e saíam andando, eu me perguntava onde meu irmão marinheiro ia conseguir tantas pétalas de rosa e, ainda por cima, branca, e como ele ia fazer para encher um caminhão com o calor tão forte. Iam murchar e secar tão rápido que, por mais que juntasse de todos os jardins da vizinhança e até de outras cidades, não haveria rosas suficientes. Se pensasse direito, dizia minha mãe, tinha prometido uma cesta de rosas, porque promessa, mesmo quando não se alcança a graça pretendida, não se deve deixar de cumprir. Seria correto esperar os sinais da cura? Alguns achavam que a promessa devia ser cumprida sem condição. Não se devia esperar pelo resultado, pois o cumprimento ajudaria a nos fazer credores do beneplácito. Não cumprir podia indicar falta de fé, portanto, falta de merecimento. Ele achou melhor esperar. A promessa nunca foi paga. Todos os dias tomávamos um gole de água benta. E a vida seguiu igual.

A promessa pendente incomodou minha mãe e serviu para os irmãos mais novos fazerem piada com o marinheiro generoso e expansivo nas palavras; no calor da emoção, ele prometia coisas difíceis de cumprir, mas depois a emoção passava, e ele esquecia. Sem remorso.

28

Minha mãe teve grupos de filhos de pelo menos três gerações. Entre o último filho e o primeiro neto havia pouca diferença de idade.

Ela percebia os sinais das desavenças entre seus dois primeiros filhos no ar, como quem vê uma tempestade chegando. Tentava evitar, mas não tinha meios para isso, nem autoridade suficiente.

O mais velho definia uma fronteira clara entre o certo e o errado. Ele pregava a união da família acima de tudo e não aceitava que as coisas fossem feitas com má vontade, mas tinha que ser como ele queria.

Um ponto de vista diferente do seu o deixava irritado. Não aceitava divergências. Ficava indignado, se exaltava, se excedia, tornando-se agressivo. Perdia o controle. Todos iam se calando, ele acabava falando sozinho, o que o irritava ainda mais. Por fim se recolhia, exausto. Passavam as horas, ele percebia a situação e, embora continuasse a sentir-se depositário da verdade, mudava de tom, tornava-se queixoso, mas só falava com a mãe. Os outros tampouco queriam falar com ele. Vinha manso, mudo. Chegava, os olhos baixos, entrava sem dizer palavra, sem encarar, ficava de costas. Depois explicava que tinha agido por bem, para manter a família unida, para evitar comportamentos errados copiados dos outros lá fora, de gente que não presta, diferente de nós.

Expressava-se arriscando uma ou outra palavra em italiano mal-articulado, forma de buscar identificação com a mãe, que ainda utilizava restos de um dialeto quase incompreensível para nós.

Minha mãe aceitava aquele pedido de desculpas implícito, dava conselhos, cuidando as palavras para nenhuma soar sem amor. Podiam até ser agressivas, até deviam ser agressivas, porque ele estava ali para isso, para dar a minha mãe a chance de dizer as coisas que ela queria, mas dizê-las, apenas, e com muito amor, como um aconselhamento. Sempre como aquela que mais sofre com o castigo que impinge ao filho. Ele tinha necessidade de ser criticado por ela para, de novo, ter direito ao colo. Era uma conversa demorada, repetitiva. Punham para fora lugares-comuns de outras sessões idênticas já ocorridas antes.

A cada vez parecia que aquela seria a última, dali para a frente tudo estaria esclarecido, nunca mais as desavenças voltariam.

A conversa terminava na cozinha. Minha mãe preparava um café bem forte, dava a primeira xícara a ele e até um fundo de xícara para as crianças que estivessem em volta. Era como um bálsamo que ela ministrava a todos nós, que nos sentíamos como convalescentes de uma doença que nos tivesse tirado as forças, e qualquer mínima porção de alimento ingerido proporcionasse já uma mudança significativa no estado geral. Eu era constante. Não deixava minha mãe sozinha e ficava sempre à espera da epifania: Deus se faria presente entre nós, abriria os corações e, lá dentro, plantaria o verdadeiro amor, baseado na tolerância.

Depois do café ele já começava a ficar diferente. Aos poucos ia perdendo o ar fechado, compungido e culpado. No final as faces se abriam, ele falava solto, alto, quase eufórico, mas contido. Os olhos brilhando.

Assim era minha mãe com aquele filho que ela tanto amava. Como ela costumava dizer, o outro, o meu irmão marinheiro, era cheio de histórias. Engraçado, fazia troça com a cara alheia e, com frequência, era alvo de brincadeiras, até dos pequenos, que se divertiam com o seu jeitão e fugiam da sua brabeza. Vivia rindo, às vezes um riso disfarçado, torcendo os beiços, outras explodia em gargalhadas. Os olhos eram miúdos para o rosto grande — que, com o tempo, foi aumentando, à medida que ficava careca. Aqueles olhinhos brilhavam de malícia e até com certa dose de cinismo. Recusava-se a fazer alguma coisa para atenuar conflitos e desavenças, a não ser guardar silêncio ou simplesmente ignorar o assunto, negando-lhe importância. Também costumava rejeitar a comida da mesa e pedir que lhe fritassem um ovo. Punha defeito na roupa de vestir: tinha de ser toda repassada. Em uma família branca, italiana, cheia de preconceitos nem sempre expressos, ele insistia em frequentar o clube 13 de Maio. Para ele não havia regras fixas. Em uma coisa a mãe dava o braço a torcer, ele conhecia o mundo melhor do que os outros, e por isso ela o respeitava, como imagem masculina. Apesar de inimigos em tempo integral, nos momentos de trégua a conversa deles era diferente da que ela tinha com os outros, falavam-se como homem e mulher. Os menores estavam em plena travessia da puberdade e era com esse filho arengueiro que ela se socorria para tirar certas dúvidas que antes ficavam a cargo de meu pai.

Andava sempre de olho no comportamento das irmãs e exercia censura cerrada. Exibia-se para nós, falando de suas namoradas, mas era implacável quando nos descobria imitando alguma coisa delas. Nada do que lhe agradava nas outras mulheres servia para as irmãs.

Minha mãe tinha gerado os dois. Tão diferentes. Um para ela, outro para o marido. Mas, um dia, meu pai foi embora e a filharada ficou órfã. O terreno dos dois mais velhos não ficou bem delimitado e cada um se fez valer como pôde.

Quando ela pressentia os sinais da tempestade, mandava o mais novo se retrair. Apontava os seus defeitos, mostrava que ele estava importunando, que devia ficar quieto, fazer as coisas direito. Ele se defendia e se justificava; ela voltava à carga, agora mais forte. Ele a enfrentava, não aceitava a proteção ao outro; ela então usava seu último e definitivo argumento, já levantando a mão, que caía pesada onde alcançasse:

— Você não presta mesmo. Sempre enfiado no meio da negrada.

Assim nós, os mais novos, crescemos. Os adultos resolviam seus problemas a seu jeito, impondo a lei do mais forte.

29

Um dia, enfrentando com muito tato e certa artimanha aquelas forças familiares tão controladoras, fui estudar em São Paulo. Ficar fora de casa me fez bem ao corpo e à alma. Descobri que, além da família, eu precisava do mundo exterior.

30

Voltei do exílio no dia 30 de dezembro de 1977. Fiquei retida para interrogatório a noite toda, e depois me autorizaram a ir para casa, mas no dia 4 de janeiro me encarceraram.

Continuei a me sentir clandestina durante muito tempo, mesmo depois de ter resolvido todos os meus problemas legais, e de haver anistia.

A solução das minhas pendências políticas seguiu um caminho peculiar, se comparada à dos outros exilados, que se mantiveram fora do país até 1979, e só iniciaram a volta com a vigência da lei da anistia política. Ao retornarem, amigos e familiares encarregavam-se de divulgar os horários de chegada nos aeroportos e de recebê-los em festa. A imprensa dava cobertura, os que chegavam eram notícia.

A recepção no aeroporto funcionava como votos de boas-vindas, promessa de reintegração na sociedade e apoio. Uma forma de tornar público o retorno, procurando evitar que setores radicalizados agissem no silêncio prejudicando pessoas desprotegidas. Todos queriam voltar, apesar de que, bem ou mal, haviam feito toda uma vida lá fora. Oito, dez anos não são dias, e quem vive a condição de exilado não tem ideia de quando poderá retornar, e nem mesmo se isso será possível um dia. A volta de toda aquela gente juntava, outra vez, os pedaços de muitas famílias e era a possibilidade de retomar as raízes, sentir-se de novo em terra firme, planejar o futuro, agora aqui dentro. Foi um momento festivo da vida nacional, um sonho conquistado e uma luz na escuridão reinante no país.

Por trás da euforia da volta e da esperança, havia dúvidas e medo, que, depois, vários acontecimentos vieram comprovar não serem infundados. A existência da lei, em si, não seria suficiente para aplacar atitudes extremistas e provocadoras que tinham vigorado muito tempo como meio de resolução de conflitos. Alguns setores tiveram dificuldade de compreender que a anistia não é um perdão, um presente que o vencedor dá ao vencido, mas sim um ato de utilidade social em prol da unificação nacional e da imagem da nação.

Havia uma certa idealização dos exilados como se eles pudessem ser dotados apenas de qualidades ou de defeitos. A distância e os anos criaram uma visão meio distorcida das circunstâncias que deram origem ao exílio político e daqueles que foram obrigadas a se retirar. Parecia que nós não mais éramos simples pessoas com direito a acertar e errar, de procurar um trabalho, cuidar da sobrevivência, criar os filhos. Parecia também que os ex-exilados formávamos uma categoria, um bloco homogêneo, de pensamentos e sentimentos únicos. Mas não era assim. O tempo tinha passado, e a vida tinha dado e pedido coisas diferentes a cada um de nós. As nossas experiências então já não eram as de dez anos antes, não podíamos ser olhados com os mesmos olhos de antes. Estávamos voltando e isso significava que, como seres de carne e osso, iríamos ocupar espaços, procurar trabalho, viver socialmente. Não era justo que nos olhassem de menos ou de mais, ou que nos enxergassem como curiosidades, seres pitorescos, contadores de histórias de um passado que ninguém tinha muito prazer em lembrar toda hora.

Essa mística vamos dizer assim — na falta de uma expressão melhor —, que ou emanava de nós ou era jogada sobre nós pelos que nos olhavam, se materializava como um tipo de cobrança que nós mesmos nos fazíamos sobre um suposto papel reservado para nós no país. Tanto foi assim que muitos companheiros, já na fase da redemocratização, continuavam tentando rearticular os antigos partidos, estruturando-os pelos padrões da clandestinidade. Outros se retraíram frente àquilo que interpretaram como saudosismo e análise inadequada do momento vigente e da estrutura social como um todo.

31

A política nacional se ressentiu com a falta dos que saíram em 1964 e nos anos subsequentes. Intelectuais de renome ou não, sua ausência gerou uma perda de referência para o grupo de que faziam parte, e os efeitos disso não tardaram a se manifestar nas crises de liderança das décadas seguintes. Ao extirpar uma parte do pensamento vivo e atuante, a política nacional reforçou vícios do passado. A falta de liberdade de expressão deu espaço para oportunismos e corporativismos cada vez mais acentuados.

32

Não só os opositores receberam os exilados com reservas. Estranhamente, algumas pessoas, até antigos companheiros, ou por não compreenderem a situação, ou por ciúmes, mostraram medo de fortalecer a simbologia do retorno e dar destaque político aos que tinham estado fora tantos anos. Viam os que voltavam como dinossauros, gente com a cabeça no passado que tinha ficado todos aqueles anos passeando e se divertindo na Europa, e a si mesmos como os resistentes e produtivos, responsáveis por manter o país em pé. Ironizaram aquelas recepções, utilizando expressões depreciativas. Faziam isso em tom de brincadeira, mas no tom subjacente nas ironias, como chamar os que chegavam de exiletes, havia uma crítica ácida. Não conseguiam, incondicionalmente, alegrar-se com o retorno daqueles brasileiros privados tantos anos do convívio da família e das coisas do país. Em vez de pensar nos que estavam chegando, em quais seriam suas carências, em como ajudá-los a reintegrar-se na sociedade da qual tinham estado afastados, assumiam atitudes desconfiadas e retraídas. Algumas vezes deram a impressão de temer que os que chegavam pudessem, com a experiência dos anos de exílio e talvez um diploma de uma universidade europeia, desorganizar o mercado de trabalho ou o equilíbrio da convivência social, conseguidos a duras penas. Queixavam-se do que denominavam estrelismo nos aeroportos. A anistia não é só uma lei. O Brasil não precisava só de mais uma penada, uma nova libertação de escravos, que depois ficariam por ali ao deus-dará. A anistia era o começo, uma conquista da sociedade. Havia, no entanto, mais um passo a dar, deixando de lado ciumeiras e diferenças e abrindo os braços aos que chegavam.

A volta dos exilados, no entanto, era apenas um aspecto naquele momento de busca da redemocratização. Era preciso retomar a normalidade para o país reencontrar seu caminho, reincorporando pessoas e ideias. Esse era um passo no sentido da retificação do papel a ser desempenhado pelas instituições nacionais na busca da harmonia entre os poderes e interesses. Tratava-se de fazer valer a lei, aplacando as selvagerias dos últimos remanescentes inconformados. O país caminhava nesse sentido, às vezes aos solavancos, mas caminhava.

O lado humano, no entanto, é mais do que isso. Pressupõe a disposição de olhar com alegria e despojamento o dia de amanhã e ter a vontade de compreender a complexidade de sentimentos e sonhos que cada volta anunciada despertava.

Além disso, a presença das caravanas de recepção atuava como um sistema de defesa dos que chegavam. Não é difícil imaginar que tanto os que chegavam como seus familiares pudessem ter medos guardados, presença das sombras do passado. Anunciar aos quatro ventos o retorno de um amigo ou familiar, ir em festa ao aeroporto, eram formas de tornar público o evento, era convidar todos os que ficassem sabendo para serem padrinhos, testemunhas do dia e da hora, e evitar, dessa maneira, possíveis ações aventureiras de gente rancorosa.

Retornei antes da anistia e meu processo seguiu os trâmites dos tribunais durante longos meses.

33

Um clandestino é uma pessoa sem passado.

A clandestinidade desorganiza a vida e cria até uma certa alienação. Por causa de forças externas ao indivíduo, este deixa sua identidade, seu meio, seus afazeres costumeiros e passa a dedicar-se a novas funções. Principalmente se esconde e tem medo constante de ser reconhecido, por qualquer pessoa, amigo ou inimigo, pois, em qualquer dos casos, seria o fim da segurança e exigiria medidas como mudar de casa, de trabalho, de caminho, de amizades. Quem está na clandestinidade não tem certeza de nada. Um acontecimento, interessante para uma pessoa em condições normais, como encontrar um amigo que não via há muito tempo, para um clandestino é um problema grave, que acarreta falta de segurança para ambos. Além do mais, ele está escondido, mas o amigo não, e este, sem que tenha a menor noção do que se passa, pode estar sendo vigiado, justamente para, de maneira indireta, fornecer pistas. Que fazer?

Não tem o direito de pedir nada e tem a obrigação de saber que, dependendo da situação, não adianta pedir silêncio. Além do mais, o silêncio pode ser um grave fator de risco ao amigo, que pode ser acusado de conivente com a clandestinidade do outro. Passa, então, a evitar lugares públicos e a interagir até com gente desconhecida. A clandestinidade cria a pior situação social que o indivíduo pode experimentar, porque exige dele atenção e cuidados permanentes e, com isso, desconfiança. Deve desconfiar sempre e em qualquer circunstância, como forma de se proteger. Disso decorre a desorganização, pois a vida deixa de estar voltada para hábitos e interesses cultivados durante anos. As pessoas com as quais interagia já não estão por perto e as funções antes desempenhadas se perderam, e não se sabe se poderão ser retomadas um dia. Portanto, é melhor não contar com elas. É preferível fazer de conta que nunca existiram, nem externamente como realidades objetivas, nem como realidades subjetivas, que um dia empolgaram os sentimentos. Disso decorre o segundo aspecto, o risco da alienação. Se não é mais preciso dar satisfação dos nossos atos a ninguém, se toda a vida fica circunscrita a um pequeno grupo e se as realidades subjetivas não têm mais peso decisivo, fica difícil manter a coesão de pensamento, pois o convencional, as atitudes postiças, tomam o lugar da vida que é, por sua natureza, espontânea, cheia de surpresas e desafios a cada momento. Corre-se o risco de oscilar entre comportamentos superficiais, que não criam laços verdadeiros, e o interesse dramatizado, cuja pior manifestação é o autoritarismo. Este último acontece porque o indivíduo, sentindo que as coisas que o cercam são artificiais, de criação recente, deseja imprimir ao seu trabalho, desprovido de real finalidade, um conteúdo que o justifique. Pode conseguir enganar os outros, mas é incapaz de gostar de verdade de sua própria imagem sem passado.

 Uma das saídas para evitar a alienação é a mentira, a fabulação, ou seja, a criação de realidades fictícias sobre as quais falar e, assim, ter assunto. Dessa forma é possível criar um passado, que não só tem a função de estabelecer um vínculo externo com as pessoas do novo meio, como também de ensejar o nascimento de uma nova genealogia, no sentido exato do termo. Quem conta uma mentira desse tipo terá de contar duas, dez, muitas. Uma história puxará a outra, para os ouvintes e para quem conta, que se sentirá confortado ao descobrir que não está completamente só, que não precisa do seu passado de verdade para construir um vínculo social, que pode ser merecedor da atenção e do respeito dos que estão em volta, ao lançar mão de histórias inventadas. Às vezes tais histórias nem são tão inventadas. Grande parte pode até guardar aproximação com a realidade vivida, tendo portanto verossimilhança e calor humano, que se manifestam na recorrência a detalhes e a personagens animados característicos, até parecidos com quem conta a história. Um problema dessa saída é a necessidade absoluta da coerência. Faltando esta, haverá a descrença, e nada ficará em pé por muito tempo. É preciso contar com atenção, lembrar-se dos detalhes, não cair em contradição, senão tudo acaba virando história de mentiroso, e a pessoa perde a credibilidade. Um outro problema ainda mais grave é o comprometimento das estruturas de pensamento de quem conta a história. No início, ele sabe que está inventando, criando uma fabulação, mas depois acaba, ele mesmo, virando um produto de sua invenção.

34

Aquela foi uma fase heroica, afrontei sonhos e planos, mudei minha aparência física, renunciei a ver as pessoas que amava e a frequentar os lugares que me falavam ao coração. Supostamente cheguei a me sentir como alguém que sofre uma mutilação física. Cortei o cabelo, comprido de muitos anos, e tingi com grandes mechas claras. Usei vestidos baratinhos e sapatos grosseiros.

Andei sem dinheiro, mesmo porque não tinha, e comi coisas de que não gostava, pois eram mais baratas e correspondiam às possibilidades alimentares do meio.

Além de aprender a ser uma outra pessoa, tive de treinar formas de esquecer a minha vida anterior, os lugares que tinha frequentado, como a universidade e as livrarias; os rostos das pessoas que conhecera antes e os seus nomes; hábitos que eu tivera, além de todo o saber adquirido nos anos de estudo. Isto era necessário porque eu estava indo para uma situação que teve um dia para começar, o 13 de dezembro de 1968, mas não tinha um dia para acabar. Como era impossível saber quando a situação anterior poderia ser retomada, e nem mesmo se ela seria um dia retomada, era necessário ter decisão e desprendimento, o que se resumia em uma única coisa: esquecer o passado. Por dois motivos: um, a adaptação mental à nova situação, que deveria ser assumida integralmente, sem meias-verdades, a fim de criar uma estrutura plena, coerente e satisfatória, embora dentro de uma situação postiça; outro, a adaptação da imagem externa, que deveria passar um conteúdo de verdade para os que estavam em volta. Quanto a este último, os vizinhos eram gente simples, de pouca escolaridade, com hábitos até humildes; naquele tempo não havia televisão em todos os lares, moldando necessidades de consumo impensadas, como aconteceu nas décadas seguintes; o ambiente doméstico era mais conservador e recatado e a cultura geral, mais limitada. Não havia cultura de massas que, em certo sentido, iguala as pessoas, dando-lhes comportamento padronizado, não importando a classe a que pertençam.

Os relacionamentos de amizade tinham de ser muito cuidados, evitando introduzir elementos, sob a forma que fosse, como assuntos, hábitos alimentares ou de vestimenta, interesses de leitura e de informação em geral, conhecimentos sobre outros lugares do país, que implicassem em viagens, dispêndio financeiro, experiências de infância e juventude que traíssem uma outra realidade. Enfim, era um conjunto mental muito complexo a ser dominado. Nessa situação, o mais cômodo era passar por meio boba, uma pessoa sem assunto, que não fala de si mesma e, nas conversas, apenas escuta e concorda. Medo de deixar escapar o que não devia e comprometer os frágeis laços que unem quem vem de fora a um grupo de vizinhos que se conheciam desde sempre. Um dia, dentro de um ônibus de uma capital do Sul, pude sentir, sem encarar a pessoa, que alguém me olhava insistentemente. Pensei em descer no ponto seguinte, mas não achei prudente, pois era um bairro calmo, sem gente na rua, e eu ia me sentir desprotegida. Alguém se levantou e eu me sentei no lugar, virando o rosto para fora, à minha esquerda, e tapando casualmente a face direita com a mão do mesmo lado, cujo braço era apoiado na cintura pela mão esquerda. Pensei em ficar ali dentro até sentir-me em segurança para descer, mas o lugar ao meu lado vagou e foi ocupado, em seguida, por alguém de roupas brancas, de médico. Não o olhei, mas escutei a voz e gelei. Nossa amizade remontava à juventude de nossas mães, que se conheciam desde sempre. Tínhamos morado a dois quarteirões um do outro, estudamos junto um tempo. Falou comigo reservadamente, perguntando se era eu mesma. Sem tirar os óculos escuros, encarei-o e respondi que ele estava enganado, eu não era quem ele supunha, pedi licença e saí atropelando suas pernas. Toquei a campainha e desci imediatamente.

    Foi a forma que encontrei para trocar informações com ele sem comprometê-lo. Ele pôde confirmar que era eu que estava sentada ao seu lado e que devia ficar calado.

    Um lampejo de lucidez me fez ver claro que qualquer palavra diferente das que pronunciei poderia criar uma situação perigosa, especialmente para ele, ainda mais estando dentro de um ônibus. Quem mais poderia estar ali dentro? Nunca se sabia, e era sempre melhor desconfiar e usar de cautela. Várias pessoas tinham subido comigo, e uma delas poderia ser o inimigo.

Devia tornar-me uma nova pessoa, não só na aparência, mas em profundidade. Tornar a nascer. Mesmo que isso fosse muito doloroso e solitário.

35

Aos 25 anos eu estava assumindo uma nova vida. Em todos os sentidos. Nada do que eu havia feito até então existia mais: meu nome, família, amigos, estudo, trabalho, roupas, objetos pessoais. Já não tinha casa. Morava onde fosse possível. Podia ser uma casa alheia ou alugada na periferia. Uma vez morei numa casa de madeira cheia de percevejos. De manhã, a roupa de cama aparecia cheia de riscos de sangue. Comecei a procurar os bichos. Eles se amontoavam em cada saliência, fresta, buraquinho. O colchão devia ter milhões deles. Então, comecei a sentir o cheiro insuportável, nojento, repulsivo. O jeito era limpar, com querosene. Fui criticada pelos companheiros, tão jovens quanto eu, por querer mudar de casa. Disseram que eu estava sendo burguesa, não sabia viver como os mais humildes.

Com medo de não ser suficientemente boa para estar na *vanguarda do proletariado*, limitei as expansões emotivas. Levei aquilo para o plano da razão e acabamos concluindo que os pobres também mereciam desfrutar de higiene e limpeza e que nós não devíamos imitar seus maus hábitos.

Meu pai e seu catar feijão, minha mãe e o perfeccionismo que punha em tudo o que fazíamos, a luta incessante contra as adversidades para chegar à universidade, nada disso existia mais? Eu tinha de gastar racionalidades para convencer um pequeno grupo de pessoas, que queriam ser vanguarda, e tinham uma história de vida diferente da minha, de que era anti-higiênico morar numa casa cheia de percevejos? O país estava em trevas, e nós tateávamos, orientados unicamente pela luz dos nossos vinte anos.

O TEMPO DAS ESCOLHAS

Era indispensável, dali para a frente, examinar sempre as dobras do colchão e os ângulos do guarda-roupa. Essa e muitas outras coisas fizeram parte da clandestinidade. Algumas até bem engraçadas. Não sabíamos como, mas estávamos ali para *conscientizar* as massas, e já que a nossa luta devia vir do campo para a cidade, saímos das capitais e fomos instalar-nos em lugares distantes, inclusive de difícil acesso, principalmente para nós, que andávamos a pé, sem condicionamento físico, com sapatos inadequados e, ainda por cima, mal-alimentados.

Moramos primeiramente em um povoado: lugar novo, região recém-aberta, área de ocupação de posseiros. Chegamos corajosos, cheios de esperanças, dispostos aos sacrifícios, longe do conforto dos nossos lugares de origem. Nosso plano era estabelecer-nos ali, sermos reconhecidos como pessoas do lugar, fazendo as coisas que todos faziam e vivendo com o que a terra nos desse. Pretendíamos arrendar um pedaço de terra, cultivá-la e viver dela. Não levávamos mudança, porque nada tínhamos e porque não queríamos chamar atenção. Apenas a roupa do corpo e coisas mínimas. O povoado era muito pequeno e bonitinho, tinha um pequeno comércio com as coisas mais necessárias, igreja, posto de saúde e administração pública. Nem sequer precisava de posto policial. A população era basicamente constituída de gente jovem, em geral casados de poucos anos, com filhos pequenos, ou ainda sem filhos. Não havia pobreza nem riqueza no lugar. A vida era boa, barata e abundante. Nós mesmos tivemos uma grande horta que nos deixou atrapalhados quando começou a produzir, pois não havia para quem vender, e nem dar de presente. Todos tinham verduras em casa.

Tivemos sorte. Assim que chegamos conseguimos alugar uma casa, de madeira, como todas. Era rústica, mas boa. Na verdade, ela estava posta a venda havia algum tempo, mas não aparecia negócio. Ajeitamo-nos como pudemos na primeira noite, pois não tínhamos móveis. Na manhã seguinte, era evidente o interesse dos vizinhos em nós, e não tardou que alguém viesse nos perguntar se tínhamos escutado barulhos à noite. Desavisados e desprovidos de superstições, dissemos que não, pois realmente nada havíamos escutado, além de um forte tropel de ratazanas: a casa estivera desocupada, e as ratazanas moravam ali. Devem ter-se sentido incomodadas naquela noite com a nossa presença, com certeza. Com o passar dos dias, nos encarregaríamos de expulsá-las. Inconformada, a pessoa perguntou mais claramente se não escutáramos correrias de almas penadas no telhado: naquela casa morara um casal novo, com dois filhos pequenos. O homem andava no mato derrubando árvores, em projeto de colonização. Um dia, ele foi atingido pelo pé da árvore que acabara de serrar e morreu na hora. Havia calculado mal a queda e não soube se proteger. A tora o destroçou. A esposa, de luto fechado, ainda quis continuar ali, na casinha que tinham construído com muito amor, mas começou a ouvir barulhos assim que a noite começava, e não aguentou muito tempo. Voltou para a casa dos pais. Desde então não sabiam o que fazer com a casa. Chegamos sem saber de nada e alugamos por uma pechincha. Com o pouco tempo que passamos ali, demos lucro ao proprietário, pois desalojamos as ratazanas, e talvez tenham podido fazer, depois, um bom negócio. Conosco ali, as almas penadas devem ter encontrado a paz, pois nunca nos importunaram.

Não demorou muito para percebermos que tínhamos chegado ao lugar errado. No dia mesmo em que chegamos, o companheiro com quem partilharíamos a casa, um suposto irmão meu, vestido com roupas de roça, bem baratinhas, foi até a venda, ver se comprava sal e outras coisas de primeira necessidade e tomava uma pinguinha. Queríamos ser reconhecidos como os mais novos habitantes do lugar e conseguir um pedaço de terra para cultivar. Ele foi assim como quem põe um jeito de quem está acostumado com a vida da roça e havia mudado para ali em busca de um futuro, para fincar raízes. Apenas entrou no armazém e pronunciou as primeiras palavras, um dos homens, frequentadores assíduos do local nos finais de tarde, se aproxima, olha-o de cima abaixo, especialmente para seus pés, que ele tinha esfregado um no outro no terreiro de casa para sujá-los e enfiar terra debaixo das unhas, e solta a expressão mortal: o senhor não é daqui, não é, doutor? Pelo jeito de falar logo se percebe. Por acaso não é agrônomo?

Ficou sem saber o que responder. Além do mais, todos estavam devidamente calçados de botinas e, reparando bem agora, ali, naquele ambiente, seus pés, apesar de sujos de terra, não escondiam as unhas bem cortadas e a pele aveludada de quem sempre andara de meias e bons sapatos, nas pavimentadas alamedas da universidade.

O lugar nos decepcionou. As pessoas tinham casas arrumadinhas, abundância de comida, roupas, tudo o que necessitavam. As mulheres enceravam as casas de piso de madeira, colocavam tapetinhos nas portas e latas de flores nas paredes. Aquele realmente não era o lugar para criar uma *base revolucionária*, todos estavam satisfeitos por ali, fora uma crítica ou outra que faziam ao governo por causa da falta de estrada ou da pouca atenção do gerente do banco na cidade mais próxima. Além do mais, ninguém gostava de papo esquisito, que puxasse assunto estranho. Decidimos ir embora, mais para dentro, com certeza teríamos mais sorte da próxima vez.

Para não errar de novo, evitamos povoados. Fomos direto para a roça e tivemos sorte. Descobrimos uma área de posseiros antigos, que faziam agricultura de subsistência. O lugar nos pareceu ideal, pois ficava longe da cidade e as estradas eram péssimas. Com certeza alguma coisa do interesse daquela gente ia poder ser feita ali. Precisavam de escola para os filhos, de médicos para as mulheres, que pariam ano sim, ano não, de financiamento para sementes e adubos e, mais do que qualquer outra coisa, de estradas para escoar a produção. O lugar era rústico e muito bonito. Em volta das casas havia pomares com árvores frutíferas produzindo há muitos anos, além de grande quantidade de mandioca, milho para a polenta e aves e porcos para o abate. Não faltavam ovos e linguiça nas refeições. Ocupamos uma tapera no fundo da propriedade, cedida pelo sitiante. Não demorou para descobrir que fazíamos um papel estranho, pois éramos os mais pobres do lugar. Nem fogão tínhamos e partilhamos um antigo paiol de milho com um casal de quatis, que vinham à noite mexer nas nossas coisas. Tornamo-nos amigos do proprietário e de um vizinho, que visitávamos assiduamente e, como nos convidavam com gosto, o fazíamos nas horas das refeições, pois era quando as tarefas do dia já tinham se encerrado e se podia conversar à vontade, além da tentação que era a lembrança daquele cheiro da linguiça pura de carne de porco, temperada com muito alho e pimenta do reino, e que combinava às maravilhas com polenta.

Os nossos anfitriões, infalivelmente, destampavam a falar mal do governo de almofadinhas, sem-vergonha, não sabia como era a labuta da roça, não dava financiamento, nem fazia estradas. Ficava na cidade, comendo do bom e do melhor, andando em *cadilacs* e enchendo os próprios bolsos e os dos amigos. De vez em quando tinham alguma informação mais atual e tudo era motivo para críticas e mais críticas. Nós até que nos animamos, aquela gente tinha problemas e nós estávamos ali para ajudar a enxergá-los. Passamos algum tempo animados com a existência daqueles inconformismos, até descobrirmos que aqueles homens, bem plantados em suas propriedades, desfrutando da segurança de estarem em cima do que era seu, embora não tivessem ainda os títulos definitivos de propriedade, não tinham com que se preocupar. Continuariam falando mal do governo, que isto era o sal de suas vidas, mas não estavam para brincadeiras. Da situação do país, se estávamos em democracia ou em ditadura, nada sabiam, e se soubessem pouca diferença faria. Definitivamente, o governo, de que ambas as partes naqueles papos da hora da janta falavam mal, não parecia ser o mesmo.

A realidade estava demorando a se encaixar nos nossos planos. Ainda não tínhamos tido a sorte de encontrar um lugar em que pudéssemos entrar e a ele nos *integrar como o peixe n'água*, como pregava um pensamento chinês.

Fomos bem recebidos ali, mas devíamos prosseguir. Decidimos deixar de lado aquela gente proprietária, *os burgueses do campo*, que não tinham motivo para estar descontentes, pois nada lhes faltava. Se não eram ricos, viviam na fartura. Nosso destino estava mais a frente, onde precisavam de nós.

A parada seguinte foi numa fazenda de gado, muito leite, queijo, vaca para apartar à tarde, bezerros, bicheiras para curar. A casa dos donos era enorme, muito bemfeita e equipada para um lugar tão distante. Ficava a trinta quilômetros do povoado mais próximo, que os donos faziam de caminhonete, os peões a cavalo, e nós, a pé, com as bolhas d'água cobrindo toda a planta do pé mal-protegido pelo solado fino do sapato barato. Ficamos assustados com a presença de assalariados num lugar como aquele. Tínhamos acabado de descobrir uma verdade importante, estrutural: era mentira que o Brasil ainda era um país feudal. Era, na verdade, um país capitalista, o campo era capitalista. Nos sentíamos confusos ao descobrir certas coisas que não batiam muito bem com o que esperávamos encontrar.

Os peões nos olharam com desconfiança e parece que iam ao patrão tomar informações a nosso respeito, para saber se podiam confiar em gente tão estranha, meio almofadinha, mas que vivia pior do que eles. Eles eram uma rapaziada solteira, davam duro a semana toda e sábado iam, no caminhão do patrão, guiado pelo próprio, fazer compras e namorar na cidade. Esperavam ansiosos o fim de semana. O conflito mais agudo por ali se dava entre marido e mulher fazendeiros, pois ela ficava em casa sozinha, naquele lugar, até altas horas, enquanto ele se divertia nas farras na cidade.

Moramos numa coisa que não pode ser chamada de casa nem de tapera. Era um cômodo em que mal cabia uma tarimba estreita, e, na primeira chuva, inundou. Chovia mais dentro do que fora.

Não estava sendo fácil descobrir um jeito de ser revolucionários. Estávamos tendo contra nós todos os obstáculos imagináveis. Nós nos perguntávamos o que, afinal, estava errado? Tudo parecia tão claro nos livros e nas discussões, mas na prática a realidade era outra.

Enquanto estivemos ali, fomos umas duas ou três vezes à cidade. Para tratar de um dente só foi preciso chegar até o povoado, aonde vinha um dentista uma vez por mês. Boca aberta, um susto: onde tinham sido feitas aquelas obturações tão bonitas e caras? Custou explicar, e quanto mais explicava, mais complicava. Era uma boca de gente rica e não de peão de roça.

Para chegar à cidade, era preciso, primeiro, fazer a pé os trinta quilômetros até o povoado, por uma estradinha estreita, subidas e descidas, cheia de cascalhos soltos, que moíam os pés, onde não passava uma alma durante a semana inteira. Como faltava condicionamento físico, nos últimos quilômetros as pernas estavam trêmulas e meio adormecidas de cansaço, apesar das paradas para descanso durante o caminho. Enfim, já quase impossibilitados de andar, com os pés em fogo, chegava-se ao povoado. A viagem a pé era planejada para chegar a tempo de fazer baldeação. Era bom sentar nos bancos do ônibus, uma jardineira empoeirada e sacolejante, um alívio para as pernas, que tinham caminhado mais de cinco horas. Os outros trinta quilômetros passavam voando, nem dava tempo de descansar direito, em uma hora estávamos no destino.

Depois de tanto tempo embrenhados no mato, era maravilhoso estar na cidade. Tudo tão limpo, as pessoas arrumadas, penteadas. A cidade tinha um cheiro bom, de pão de padaria, de doce. Tão diferente do cheiro de porco já colado nas narinas.

Nada tão importante tínhamos a fazer por ali, e nem tínhamos onde ficar. Depois de passar pela padaria e comer um pão doce e tomar um copo de leite, que mais parecia um copo de doce de leite, pois era meio copo de açúcar para compensar a perda de calorias, fomos para a praça da matriz.

Tínhamos vinte e poucos anos e estávamos conhecendo palmo a palmo o país e testando as teorias revolucionárias de um jeito muito particular. A cada passo víamos que elas orientavam pouco ou nada a nossa ação. Ninguém falava em voltar para a casa dos pais, apesar das dificuldades. Não falávamos de nós, nossos sonhos particulares, nossos desejos. Sufocamos em nós tudo o que não fosse interesse coletivo direto. As nossas pessoas não contavam, apenas a prática voltada para o bem social ocupava nossas mentes e cansava nossos corpos. Eu achava que os melhores sujeitos seriam os que conseguissem depurar-se de necessidades particulares, mais se voltassem para o interesse coletivo. Esse sentimento orientava minha vida quando engravidei do meu primeiro filho. Havia uma grande distância entre os meus sonhos de adolescência e juventude e o que eu estava praticando. Aquela vida desprovida de conforto material, longe dos bens culturais do intelecto, significava um rompimento com tudo o que eu havia buscado e construído com perseverança e esforço. Entre os quinze e os vinte anos, um mundo de imagens fantásticas em relação ao amor, aos planos profissionais, à realização pessoal em geral, tinha povoado minha cabeça, como acontece em geral com os jovens. Leitura, cinema, gente nova que fui conhecendo, novos modelos de lar, de relacionamento entre os sexos, tudo isso me levava a desejar uma vida de padrão urbano.

São Paulo tinha me dado uma dimensão ampla das possibilidades. A cidade me mostrou que às vezes podemos estar menos sós em uma grande metrópole de gente anônima do que num lugar pequeno em que todos se conhecem. Em São Paulo eu me vi como indivíduo e vi o outro e as coisas. Não era só uma questão do espaço dado pelas dimensões da cidade, mas uma forma mais rica de perceber a passagem do tempo e o desempenho dos atores num lugar em que as pessoas não se sentiam observadas nem cobradas. Pela primeira vez pude desfrutar da liberdade de ação e manifestação. Eu já não almoçava na mesa familiar, com sua hierarquia e censuras, e não convivia com gente que sabia tudo de mim e de minha família.

A radicalização do regime nos tirou as opções. Fomos postos frente a frente com responsabilidades graves e pesadas, cujos desdobramentos futuros nem sequer pressentíamos. Aprenderíamos fazendo.

Por tudo isso, pela riqueza de conquistas anteriores e pelo esforço de sermos altruístas e coerentes com aquilo que a época tinha jogado em nossas mãos e devia ser visto como um papel social a desempenhar, olhávamos pouco para trás. Fechamos nossos ouvidos para qualquer palavra que viesse levantar um senão à opção que tínhamos feito. Pais, irmãos, professores, os mais velhos, representavam um mundo ultrapassado, e nós éramos o futuro. O bem-estar que queríamos alcançar não seria o produto de uma conquista coletiva dos próprios interessados, mas fruto de nossa coragem e da clareza de nossas ideias.

No entanto o trabalho desenvolvido não confirmava a validade de nosso esforço. As pessoas locais se mantinham arredias e desconfiadas, e nós não estávamos satisfeitos com nosso desempenho. Tudo parecia errado e começávamos a sentir que havia muita diferença entre a realidade e a nossa proposta teórica. Para nós era uma experiência maravilhosa, enriquecedora e, além do mais, pitoresca, apesar da precariedade material que implicava em sacrifícios imensos. O contato com a realidade nos deixava espertos, bem dispostos, ativos.

Os debates no grupo político não criavam situações promissoras para os que se empenhavam no trabalho de massas. Um partido político clandestino não dispõe de meios para divulgar seus pontos de vista e orientações. Não havia canais possíveis para divulgar as propostas e o trabalho existentes; não era possível promover debates políticos ou aparecer em jornais, rádio ou televisão. A divulgação de material mimeografado era muito difícil, dada a vigilância e a repressão. Dessa forma, as ideias e propostas de atividades demoravam muito a chegar a cada grupo de base. Por outro lado, quando chegavam, eram coisa pronta, decidida, que não podia ser questionada. Debater as orientações, expor dúvidas, era inócuo, não gerava qualquer transformação. O país vivia sem democracia, e nós também não éramos democráticos, nem tolerantes. Os grupos que insistiam em manter suas dúvidas e críticas muitas vezes eram acusados de querer promover o divisionismo interno ou de querer fugir da luta. Quem criticava era taxado de particularista, incapaz de enxergar o país como um todo. Tomava a parte conhecida pelo todo. A falta de circulação das ideias existentes engessava o grupo político, impedia o embate ideológico, sufocava as propostas e tirava o sentido do nosso esforço.

Além disso, o isolamento em que vivíamos nos tornava vulneráveis às investidas repressivas, que nos jogavam cada vez mais na clandestinidade, desfigurando ainda mais o papel que acreditávamos ser o nosso. Por causa disso, saímos do campo e nos instalamos em Porto Alegre, o que trouxe de volta meu antigo problema: de poder ser reconhecida por alguém na rua.

36

Agora na cidade uma coisa continuava se impondo, com ainda mais força: esquecer. Esquecer o que havia vivido até ali e começar, outra vez, uma existência inteiramente nova. Trilhar um caminho oposto ao da vida, que se constitui, naturalmente, de um aprendizado cumulativo.

Não bastava esquecer o passado. Era preciso esquecer o presente, o dia que se estava vivendo, tomando todo o cuidado para não comprometer as pessoas com as quais convivíamos, mesmo que fossem simples vizinhos de porta. Por isso, na rua eu não conhecia ninguém, não fazia nem recebia visitas, não tinha qualquer tipo de lazer. Os tempos eram duros, todos viviam de boca fechada e olhos baixos.

Eu estava grávida e, por isso mesmo, passei muito medo. O amor por meu filho me recompensava do medo e dos sustos. Mas eu me responsabilizava pelo que pudesse vir a acontecer a ele, que corria tantos riscos antes mesmo de nascer. Nos dias logo depois do nascimento, o mundo parecia estar vindo abaixo, nenhum lugar era seguro. Era 1972, e os que se opunham ao regime viviam em permanente insegurança. Nós estávamos isolados, fora do nosso meio, entre gente estranha, e a repressão fechava o cerco em volta de nós.

Precisávamos partir, procurar um lugar em que nossos filhos pudessem nascer e crescer. O Chile era essa promessa, mas nem lá as coisas andavam boas.

Antes de sair era preciso desmontar a casa, pagar o que devíamos, nos despedir dos vizinhos de porta. Não podíamos sair fugidos, deixando sinais suspeitos que colocassem em risco gente amiga, que inclusive não sabia tudo de nós. Naquela noite fizemos uma pequena mala e demos destino para os poucos móveis e objetos que havíamos juntado. Trabalhamos nisso até de madrugada, sem sentir cansaço nem fome, que só depois foram aparecer.

37

O hábito de sofrer (que tanto me diverte)
É (doce) herança desse tempo. (paráfrase)

Conseguimos sair do país com nosso bebê, que estava com apenas dois meses. Fomos sempre por terra, pois era impraticável chegar a um aeroporto. Viajamos por estradas secundárias dos interiores; atravessamos rios em balsas, cruzamos fronteiras. Viajamos pelo interior do Paraguai, onde fomos alvo da curiosidade da população guarani. Em Mendonza, Argentina, tivemos de parar. A neve tinha fechado os caminhos pela Cordilheira dos Andes. Então, andei de avião pela primeira vez, para completar o último trecho da viagem. Eu ia chegar ao meu lar adotivo.

No Chile, voltei a ser chamada pelo meu nome e a usar documentos que me identificavam

Chegamos em julho, chovia e fazia muito frio. Nós não tínhamos nem roupas nem calçados adequados para o clima. Durante dois meses ficamos hospedados com amigos e, com isso, tivemos apoio, amizade e o conforto de uma casa sempre aquecida. Foram a nossa família. Depois de tantos anos de insegurança e tensão constante, descobri que podia viver sem medo de que alguma situação imprevisível pudesse mudar radicalmente as coisas para pior. Aprendi a cuidar do meu filho e voltei a cuidar de mim mesma de novo.

Logo tive a sorte de arranjar um emprego e, em agosto, comecei a dar aulas de francês em um colégio da cidade. Alugamos uma casa. Meu salário era pequeno, mas já fazia uma grande diferença. Voltei a me sentir produtiva e recomecei a me relacionar com pessoas do mundo real. Eu estava agora com minhas turmas de colégio, frequentava a sala dos professores, sentia-me de novo uma pessoa de verdade, que tomava ônibus para ir e voltar, recebia o pagamento pelo meu trabalho no final do mês, comprava coisas mínimas necessárias para a família.

Dava aulas para alunos de 6ª, 7ª e 8ª séries, o que foi um grande desafio: nunca tinha trabalhado com adolescentes, estava sem diploma e, por isso — e por ser estrangeira —, tinha uma situação contratual irregular. Além disso, eu falava muito mal o espanhol e estava ensinando francês. Mas foi uma bela experiência. Estava voltando à atividade profissional depois de cinco anos fora dela, precisava estudar e me preparar para exercê-la bem.

Enquanto trabalhei como professora em São Paulo, meus alunos eram pessoas adultas, com idade próxima à minha, e até mais velhos. Já com vinte anos, e até antes, desempenhava bem a função, pois estava preparada e gostava do que fazia. Agora, no Chile, eu estava chegando aos trinta e recomeçava. Eu sabia bem o português, eles, o espanhol, e nós íamos estudar francês.

Espero que eles tenham aprendido tanto comigo quanto eu com eles. Foram meus professores de espanhol e de reencontro com a vida.

O país vivia em democracia, e era imensa minha felicidade de poder andar pelas ruas, encontrar pessoas, trabalhar.

38

No entanto, havia conflitos na sociedade chilena, com antagonismos bem marcados entre grupos políticos divergentes. Os setores conservadores empenhavam-se em sabotar o governo socialista de Salvador Allende. Mais de uma tentativa armada foi feita e, em 11 de setembro de 1973, houve o golpe militar, a morte do presidente e enorme sacrifício de vidas e de liberdade para a sociedade.

Tínhamos chegado procurando uma pátria adotiva e desfrutamos dos ares democráticos durante catorze meses. Foi uma experiência rica e variada que nos permitiu sonhar com um mundo livre e democrático. Quando os militares puseram os tanques nas ruas e bombardearam e incendiaram o palácio do governo, o entendimento daquilo não cabia na minha cabeça: perseguições, mortes, fuzilamentos, tortura, desaparecimentos, milhares de pessoas exiladas pelo mundo todo. O povo chileno se viu de uma hora para outra jogado na mais cruel ditadura. Eu sofri como se aquele fosse o meu próprio país. A liberdade se acabava, e o sonho de ter encontrado um lugar para viver e criar os filhos — minha filha nasceria na mesma semana do golpe militar — ia ficar como uma utopia.

Levas e levas de chilenos e estrangeiros residentes, deixando tudo para trás, pediram asilo político nas embaixadas de países amigos e foram embora. Fomos perseguidos, monitorados, controlados pela polícia. Assim que possível saímos também e fomos morar em La Paz, na Bolívia, de onde, no final de 1977, voltamos para o Brasil.

O período que passamos no Chile depois do golpe militar foi muito difícil. Um tempo que parecia interminável, cheio de apreensões e medo outra vez. Não podíamos voltar para o Brasil, que vivia então o lado mais negro de sua história recente; com duas crianças pequenas, uma recém-nascida, não tivemos coragem de partir para a Suécia ou Alemanha. Preferimos arriscar, ficando ali, numa situação praticamente clandestina outra vez. Eu não pude estudar, trabalhar nem me divertir. O coração estava de luto com tantas desgraças; a solidão era enorme. Foram anos para aprender a ter paciência e esperar. Esperar o quê não sabia, e era melhor não pensar no que poderia nos acontecer então naquele país com tantos problemas.

Criar meus filhos, amá-los, cuidar deles foi o que me salvou de concluir de maneira definitiva que a vida não tinha sentido. Eu não tinha certeza de estar conseguindo proteger as crianças, tão pequeninas ainda, e não era fácil viver com o medo de os estar expondo ao perigo. Vivi aqueles anos de novo correndo riscos e expondo meus filhos.

Em 1977, quando tentei tirar passaporte para ir embora do país, a polícia local levou um susto, e eu me senti um bicho pré-histórico dentro de uma metrópole. O que eu tinha ficado fazendo ali, me perguntaram e queriam a resposta, mas eu não tinha o que dizer. Somente, tinha ficado. Só então me dava conta de que tinham sido três anos, um tempo longo, mas não tanto quanto me parecera. Queria ir embora. Eu não queria dar depoimentos. Se tivesse alguma coisa a esconder, não teria ido procurá-los por minhas próprias pernas. Ainda assim, trataram-me como trunfo de guerra, aprisionado em alguma fantasiada batalha.

No consulado brasileiro foi pior ainda. Queriam nos fornecer um documento provisório para viajar unicamente ao Brasil, sem direito a escalas, com duração de 24 horas. Eu e meus filhinhos éramos tratados como bandidos, como se tivéssemos matado e assaltado, dilapidado cofres públicos, deixado pais de família sem meios de sustentar seus filhos ao final de cada mês, destruído o meio ambiente, desmatado árvores milenares em prol de enriquecimento próprio, jogado material radioativo nos mananciais. Enfim, éramos gente muito perigosa, por isso nos queriam de volta para nos meter diretamente na cadeia ou, quem sabe, para alguma coisa ainda pior.

Naquela época, gente como eu não era mais considerada cidadã brasileira. Estava sofrendo interrogatório e constrangimentos num país que tinha um governo internacionalmente conhecido e denunciado como arbitrário e violento, pedi ajuda ao meu país e me acenaram com retaliação. Era uma mulher com duas crianças pequenas, pedindo a chance de voltar para casa, reorganizar a vida, voltar a trabalhar e estudar. Encontrei toda a máquina do Estado contra mim. Meu crime: ter participado do movimento estudantil oito, dez anos antes. Ter sonhado com um país democrático.

Os loucos estavam soltos e mandavam nas nossas vidas, julgavam o certo e o errado, estabelecendo nítidas fronteiras. Eram os donos da verdade: está comigo, está com Deus.

Peregrinei mil vezes pelo Ministério do Interior chileno, em microônibus lotados, com meus filhinhos de três e quatro anos, e a resposta era sempre a mesma: não havia resposta ao meu pedido.

Fui interrogada inúmeras vezes. Uma vizinha, que não compreendia de onde vinha tanta dificuldade para conseguir uma coisa tão simples, o visto de saída, sensibilizou-se com o meu desamparo e acompanhou-me algumas vezes. Afinal, eu não estava pedindo para ficar, mas para sair. Outras vezes, quando tinha medo de alguma arbitrariedade, deixava as crianças e o telefone dos avós no Brasil com ela. Alguma coisa alguém haveria de fazer por eles, se uma desgraça me acontecesse. A boataria corria solta e o que se escutava assustava: diziam que havia troca de prisioneiros entre os dois países. Eu não devia andar sozinha por aquelas repartições públicas. Comentavam que uma arbitrariedade podia depender do humor do delegado de plantão na hora em que eu chegasse.

Eu sabia que precisava ser humilde, a minha situação estava no limite, e não tinha com quem me socorrer. Queria uma coisa realmente simples: um visto de saída para um país que não fosse o meu próprio, onde pudesse viver. Mas era tratada como bandida. Chorei muitas vezes de humilhação e desgosto por fazer meus filhos passarem por aquilo. Era difícil acreditar que um dia a vida pudesse ser diferente.

O poder empolga e assusta. Exercer o poder sem compreender que ele deve servir para aprimorar a convivência humana é arrogância, pior ainda, é o exercício do poder sem controle. É a falência, a ignorância do povo, a fome de alguns e a ganância de outros.

Quando um irmão não se emociona ao ver sofrer o outro com quem brincou ou poderia ter brincado na infância, os valores da vida foram para a lata do lixo.

39

Nunca havia resposta. Os funcionários do balcão mandavam voltar dali a uma semana. A minha presença com as crianças incomodava.

Pedia para falar com o chefe, que já me conhecia, e conhecia os mínimos detalhes de tudo; as comunicações entre os dois países pareciam eficientes nessas coisas. Ele me recebia, no princípio mandava sentar e explicava, às vezes polido, às vezes irritado: sair podia, mas só para o Brasil. Eu procurava ver aquele homem como uma pessoa, não apenas como um funcionário do governo, e queria que ele também me visse como uma pessoa que estava utilizando as vias legais e, de coração aberto, não tinha nada a esconder, vivendo havia anos na condição de exilada de sua terra e isolada em terra alheia. Apenas mulher, mãe de família. Não qualquer uma, mas alguém que sofria com o isolamento imposto pelas circunstâncias, com a falta de progresso pessoal, com a insegurança e mediocridade da vida que levava. Uma mulher resignada a viver apenas para evitar que algo de mal ocorresse a seus filhos, porque eles, mais do que ninguém, eram inocentes, não mereciam sofrer e não tinham culpa de não poder desfrutar de coisas simples como brincar com primo, frequentar a escola em sua terra, serem mimados por uma avó. Uma mulher com a cabeça cheia de sonhos e pretensão a intelectual, mas reduzida ao silêncio por tantos anos, como se estivesse ali pagando algum pecado, ou esperando um furacão passar. Na verdade, uma fera enjaulada, um bicho selvagem domesticado, dependente de favores alheios, esperando as coisas acontecerem, o tempo passar, sem rumo. Uma mulher descobrindo que, contrariando a canção da juventude, quem sabe também espera acontecer, e nem sempre se pode fazer a hora.

Algumas vezes ele me recebia em pé, exasperado; jogava a culpa no governo brasileiro. Chegou a dizer que bastaria o governo brasileiro querer para as coisas se arranjarem.

Eu saía dali derrotada, sem esperança, cada dia mais sozinha.

Essa peregrinação durou sete meses. Não adiantava me arrepender de não ter ido embora antes, para qualquer lugar. Desde 1973 eu me arrependia de não ter ido. Não queria ter ficado naquele país, não queria ter estado tantos anos com covardia no coração, não queria ter convivido com tanto sofrimento como o que vi nos rostos das mulheres chilenas, não queria ter passado por Piságua e sido obrigada a ver os arames farpados que cercavam aquele lugar inóspito, árido, só areia do deserto para onde quer que se olhasse, para onde tinham levado os opositores do regime. Não mandei no meu destino. Sofria, então, em dobro, porque fazia meus filhos sofrerem.

Quero dizer estas coisas como quem diz: isto era vida. Sequência da que se teve ontem e ponto de partida para a que virá amanhã. Tão boa como qualquer outra, porque era a única que pudemos ter. Devia ser uma vida abençoada, como é toda forma de vida.

Em fevereiro de 1977 consegui sair com as crianças. Meus filhos puderam, outra vez, brincar e correr numa casa que de novo era nossa.

40

Voltamos a rir e a brincar. O sol era maravilhoso na altitude fria e rarefeita de La Paz. Foi quase um ano de felicidade. Não é preciso muito para ser feliz, principalmente quando se é jovem e se procura a felicidade, simples, despretensiosa, longe dos anseios de consumo desenfreado. Minha felicidade nascia com o dia e tinha o calor do sol, o frescor do ar gelado do Altiplano, o som da voz das crianças e do barulho das suas carreiras pelo quintal. Tínhamos até quintal. Uma felicidade que vinha do prazer de almoçar e jantar e de dormir junto do meu homem, companheiro de toda a vida, como se aquilo fosse uma pintura clássica, já emoldurada, anos e anos presente na parede da minha vida. Se havia trabalho, estudo, paz, harmonia, escola para os meninos, esperança, para que desejar mais? Não era o bastante saber que nosso país estava logo ali, na fronteira, ao alcance do braço esticado para apanhar o passaporte na gaveta? Eu não tinha o passaporte, e naquele momento ele não me fazia falta. Que mais alguém como eu poderia querer? Começava a me pensar terminando o curso de jornalismo já começado e partindo para a profissão. A imagem de meu pai se desenhava de novo na minha memória, e eu queria me sentir capaz e produtiva; queria varrer da minha vida o medo e a estagnação mental dos anos anteriores e dizer a mim mesma: isto eu fiz. E ensinar a minha filha as coisas de mulher que eu sabia fazer. Tal como na vida em família na minha juventude, eu podia voltar a me sentir um ser social na medida em que cumprisse bem as minhas próprias obrigações, cuidasse de mim e dos meus, educasse as crianças para o amor e a solidariedade. Poderia viver ali, naquele país de aimarás e quéchuas o resto da minha vida e cheguei a pensar que seria assim. O apelo da Pátria podia ficar apenas latente, como um desejo, uma saudade, uma realidade intangível, tão saciada eu me sentia de vida.

Querer mais e mais é a melhor maneira de nada se ter, porque, por mais que se tenha, sempre se deseja mais e mais. E eu não queria trilhar o caminho da insatisfação, da ganância, do reconhecimento social, da prestação de contas aos que contabilizavam ganhos a cada fim de mês, nem trocar o carro a cada ano. Estar ali era um presente, uma recompensa pelo sofrimento passado. Já tínhamos amigos que vinham a nossa casa. Aquele período foi como um retorno à juventude, renovação das forças, o corpo ainda jovem para a prática da amizade, do amor e do sexo, sem os medos e as frustrações experimentados durante anos. Nos sábados à tarde, sempre fazia frio à tarde, o prazer era recolher-nos para baixo de cobertores, na intimidade do nosso quarto de casal, compensar com calma a pressa da semana. Os filhos saíam para passear com a empregada vestida dentro de suas muitas saias indígenas e seu *sombrerito*, o infalível chapéu.

Para que voltar ao Brasil? Era melhor ficar, desfrutar a dádiva, pensar o futuro a mais longo prazo, deixar as coisas amadurecerem e se apresentar por si mesmas, mais tarde, sem pressa.

41

Vivemos em La Paz quase um ano, frequentei a universidade, li, estudei. Fui feliz. A situação exigia cuidado e modéstia. Contávamos só uma parte de nossas vidas para as pessoas em geral, para não assustá-las, e para que nos permitissem viver integrados àquele ambiente do bairro, sem despertar qualquer sentimento especial.

Era uma felicidade enorme, se comparada à vida anterior, mas ainda parcial. Aquela vida organizada, com dinheiro para passar o mês, idas semanais ao mercado, um cinema às vezes, criava-nos a ilusão de que o Brasil estava logo ali. E estava realmente, se se pensa na geografia. Mas não era só uma questão de geografia. Era senti-lo perto ou não. O filho quer poder voltar sempre à casa dos pais, sentindo-se amado e protegido nela. Se estranhos apropriaram-se da casa onde nasceu, ele já não tem o que fazer ali. A família chamava, acenava com promessas de vida melhor, mil vezes melhor.

Quando o advogado disse uma vez, uma só vez, que as minhas condenações na justiça estavam prescritas, La Paz tornou-se passado, começou a parecer sem sentido continuar fora.

A terra natal tinha um apelo irresistível. Sonhávamos dar avós e tios às crianças, uma escola brasileira e o Português como sua língua. Tínhamos saudades de tudo: do cheiro das comidas, dos sabores, do clima, do mar, dos lugares, das pessoas. Eu tinha saudade principalmente de minha mãe e meus irmãos, embora sem ter ainda muita certeza de poder voltar. Tinha medo. Ainda não era o tempo da anistia. Para muitos, o espírito era ainda o do "ame-o ou deixe-o".

Esse espírito encontramos dentro da Polícia Federal no início de 1978, durante os interrogatórios. Não tanto da parte do funcionário que me interrogou regularmente. Era uma pessoa simples, formal nas perguntas, mas bem-humorado.Dava a impressão de que se esforçava por não me constranger. Estava ali cumprindo um ofício maldito de vasculhar a vida alheia. Mas era um ofício e, comigo, pelo menos, ele o exerceu de forma limpa, o que não impediu que houvesse coerção, de muitas maneiras, disfarçadas ou explícitas.

42

Uma noite, já tarde, foram me buscar na carceragem. Era a história se repetindo. Lá em cima, um homem moreno, magro, rosto fino, cabelo liso, me esperava. Entrei na pequena sala onde cabia uma mesa com uma cadeira de cada lado. A janela dava para um dos interiores do prédio e estava fechada. O homem trancou a porta por dentro, balançou as chaves no meu rosto e jogou-as dentro de uma gaveta, que fechou a seguir. Não havia ali nenhum escrivão, nenhuma testemunha. Só ele e eu.

Começou ameaçando: eu não estava cooperando com os interrogatórios. Não adiantava mentir, eles já sabiam de tudo.

Não sabia até onde aquele homem alterado e enfurecido poderia chegar, eu tinha medo. Naquele prédio estava presa gente do tráfico e consumidores de drogas, contrabandistas, que se diziam amigos e pareciam solidários. De vez em quando empurravam pela grade da minha cela uma fruta, um doce. Eu chorava, tinha medo. Não sabia de que lado estavam. Temia que algum deles estivesse a serviço da Polícia, querendo ganhar confiança apenas. Eu só queria voltar para perto dos meus filhos. Tinha medo de fazê-los sofrer, sendo obrigados a ficar em casa de pessoas praticamente desconhecidas deles. Eu os queria comigo. Pensava em como deviam estar quietinhos, intimidados por não falarem correntemente a nossa língua.

O homem fazia perguntas, queria respostas. Eu não sabia qual era a finalidade daquilo. Estava morando fora do país há sete anos, tempo em que não pertenci a nenhum partido político, não me reunia com ninguém. Vivi seis anos no Chile de Pinochet, na mais dura solidão e inatividade, passando até dificuldades materiais, sem ter de onde retirar meios de subsistência, tendo de recorrer à ajuda da família, o que diminuía minha autoestima. Foi impossível conseguir um emprego e, na Universidade do Chile, onde eu tinha começado o curso de estatística em 1973, haviam queimado os arquivos que atestavam a minha condição de estudante. Vivi anos marginalizada de tudo o que era importante para mim e que tanto tinha lutado para conseguir.

Eu era cidadã de um país que não se responsabilizava por mim.

O homem magro, de rosto fino, queria respostas, a minha colaboração. Queria nomes de dez anos antes, pessoas que eu não sabia se estavam vivas ou mortas, de que lado da vida estavam. Muitos já haviam passado por situações como aquela ou muito piores aqui em Santiago e, depois, em Buenos Aires; outros quem sabe como estariam e onde andariam. Eu não tinha notícias havia oito, dez anos.

Aquele homem me apavorava, mas me mostrava firme e disposta a enfrentar qualquer situação que viesse. Eu não dizia nada, absolutamente nada, e isso o exasperava muito mais. Depois, lá embaixo, eu choraria, horas e horas sem parar, e ia ter medo, pavor, durante a noite, todas as noites que passei ali. Tinha medo de morrer sem ver os meus filhos crescidos.

A polícia que me retinha não tinha mandado intimação por escrito, nem havia testemunhas da minha prisão. A intimação havia sido feita por telefone "para prestar declarações de rotina". Pensei que realmente seria possível ir e voltar no mesmo dia, pois já tínhamos passado por interrogatório no Rio de Janeiro. O advogado nem foi informado. No fim do primeiro dia a hipocrisia da voz suave ao telefone não era mais necessária: não, não ia ser possível voltar para casa. Não, não dava para dormir em um hotelzinho ali por perto. Dormir onde? Atrás das grades. Por que, se havíamos chegado lá por nossas próprias pernas, se tínhamos retornado por nossa própria conta, se estávamos com os filhos em um endereço conhecido, se já havíamos prestado uma longa declaração, durante uma noite inteira no aeroporto, ao chegar ao Rio de Janeiro, conforme exigência feita por eles? Teriam medo que fugíssemos? Era a intimidação, o constrangimento, a humilhação, pondo atrás de grades gente desprotegida, há tantos anos vivendo só para cuidar do próprio nariz.

Aquele louco queria a minha colaboração. Para quê? Para fazer o trabalho dele, para ganhar promoção e calçar o chinelo mais cedo, talvez, ou ornamentar uma galeria de trunfos daquele porte no seu currículo.

— Eu não sei de nada disso. Quero ir embora deste lugar, encontrar meus filhos.

Ele gritava, berrava, esmurrava a mesa.
— Antipatriotas é o que vocês são. Então seus filhos nem falam português. Você não os ensinou a amar a pátria.

Eu disse qualquer coisa, apenas para não ficar calada, não lhe dar o pretexto de usar meu silêncio para enfurecer-se.
— Cala a boca, comunista. O que vieram fazer aqui, se nem português os seus filhos falam?

Eu agora retrucava que esta era a minha pátria e era um direito meu criar os filhos aqui.
— Sua pátria é Cuba. É lá que se fala espanhol. Seu chefe é Fidel Castro. Por que não vão para lá?

Avançou para mim, agarrou-me pelos ombros com violência, vi que queria me agredir ainda mais. Gritei alto, para me defender e intimidá-lo. Não queria ir para Cuba. Queria viver no Brasil, como qualquer brasileiro. Quero ir para casa, para junto dos filhos. Estariam sentindo a minha falta.

Com isso, dei a ele o argumento de que necessitava, para ir ainda mais fundo na tortura mental a que me submetia.
— Então, você quer seus filhos, não é? Pois fique sabendo, você vai passar vinte anos aqui dentro. Quando sair, seus filhos não vão mais te reconhecer, vão ter aprendido a ser verdadeiros brasileiros. A sorte deles será crescer longe de você, comunista, materialista, ateia. Você vai morrer na cadeia, que é onde todos os vermelhos devem morrer.

Nos dias subsequentes chorava muito quando estava sozinha, convulsivamente. Pensava no futuro. Eu tinha trazido meus filhos para um país dominado por loucos. A polícia de Pinochet tinha sido mais cordial e humana. Eu temia pela vida lá dentro e pelas crianças desprotegidas, fora. Eu pensava em La Paz. Estava tão bem havia alguns dias e, no entanto, estava em terra alheia. Qualquer lugar é lugar para viver, desde que esteja junto de quem se ama e possa trabalhar e estudar, quando gosta de fazê-lo. Agora tudo estava acabado. Já não éramos uma família, não havia felicidade, não havia futuro, nem solidariedade.

43

Dois dias depois veio o advogado. Falou nos direitos e na possível anistia. O advogado passou algum tempo conversando e ficou sabendo dos depoimentos, das ameaças, constrangimentos e promiscuidade na carceragem. Ali dentro chegava gente viciada, sofrendo a síndrome da abstinência. Entravam loucos, descontrolados, atirando-se contra a parede muitas e muitas vezes, até cair desmaiados. Eram berros, uivos, gemidos. Um ambiente insuportável. Houve um rapaz, quase garoto ainda. Era assustado, agressivo, magro, pele em cima de osso. Algumas mulheres também, que foram postas na cela comigo. Uma delas dizia que tinha apanhado muito e estava abortando, e não tinha absorvente, toalha, nada. Trouxeram papel higiênico e disseram que era mentira, que todas diziam a mesma coisa. O banheiro fedia, havia sangue. Eu ficava com a cara na janela, distraindo meu estômago vazio e minha cabeça angustiada. — Você vai passar vinte anos aqui dentro. Seus filhos não vão mais te reconhecer.

44

O advogado abriu um pouco o panorama. Contou quem, entre os amigos, conhecidos e companheiros do passado, tinha sido preso antes, quem estava fora do país, o que constava dos depoimentos de que a polícia dispunha. Era a primeira conversa que eu tinha com o advogado depois dos acontecimentos de 1968. Ele trabalhava com o meu caso havia anos e era bem informado. A polícia tinha as informações, só estavam confirmando o que já sabiam, diziam. Mas eles sabiam o que queriam saber, e não necessariamente o que importava.

Quando o advogado foi embora, inexplicavelmente eles relaxaram a tensão e nos deixaram ficar a tarde toda numa sala de amplas janelas de vidro, cadeiras e mesas e, aparentemente, sem vigilância. Do lado de fora se via um corredor aberto à luz, com plantas no piso térreo. Um funcionário trouxe lanche, jornais e até um tabuleiro de xadrez.

No dia seguinte o interrogatório recomeçou. Eles davam as informações com os mínimos detalhes, até sem significado. Mostravam estar bem informados sobre tudo o que me dizia respeito, e contavam de onde vinha a informação. Conforme diziam, só queriam cruzar dados. Aquelas informações, relevantes para eles ou não, em grande parte tinham sido conseguidas sob tortura. Mostraram depoimentos de antigos companheiros. Era um cemitério, uma fábrica de mortos, físicos ou morais. Eram álbuns e mais álbuns de fotografias. Gente que eu nunca tinha visto ou de que nunca tinha ouvido falar e gente conhecida, do movimento estudantil e intelectuais. Havia volumes e mais volumes de depoimentos e fotografias. Eram os nossos sonhos e os nossos anos de juventude. Alguém tinha se apossado do que existia de mais belo em nós, e não havia como pedir devolução.

Em meio àquele sofrimento, também houve momentos em que a situação se mostrou em seu lado patético. Um deles foi quando quiseram saber se eu havia procurado a Associação de Brasileiros quando morávamos em Santiago. Respondi que não, para não encompridar conversa. O policial então retirou da gaveta uma folha de papel amarelada, era um formulário com minha letra e assinatura. Eu tinha ido à Associação procurar trabalho e um lugar para deixar meu filho, único àquela época, para poder frequentar as aulas na Universidade. Estava lá, de próprio punho eu me dispunha a prestar serviços à Associação, como cuidar de crianças em alguns períodos ou desenvolver outros trabalhos que fossem necessários.

— Reconhece aí a sua letra?
— Reconheço.
— Por que mentiu?
— Para não dizer a verdade.

Ele engoliu seco, educado. O datilógrafo pediu para repetir. Ele mandou ir em frente.

Aquele documento era de 1972, ano em que chegamos a Santiago. Tinha, portanto, sete anos. Era um papel sem relevância alguma, a não ser que inventassem alguma coisa para incriminar. O relevante era que aquilo, que estivera guardado dentro de um cofre, em Santiago do Chile, tinha vindo para as mãos da polícia brasileira. Perguntei ao funcionário como o tinham conseguido. Ele não entendeu o sentido da pergunta e interpretou como um elogio à eficiência deles. Disse que aquilo era só o começo, tinham coisas muito mais importantes.

O país pagava-lhes os bons salários do tempo do milagre para eles fazerem aquelas coisas importantes. Pensei nos feijões do meu pai.

45

Estávamos em janeiro de 78, final do governo Geisel. Na cena política, o assunto era a sucessão presidencial e o próximo herdeiro ao trono de Brasília viria a ser João Figueiredo.

Foram vinte dias de interrogatório, ao final dos quais ficou anulada a esperança de voltar para casa. Um dos homens *de bem* da minha cidade me teria visto uma vez, por volta de 1970, em Curitiba e prestou o seu servicinho à Pátria denunciando-me. Guiado talvez pela covardia, talvez pelo exibicionismo, não perdeu a chance de mostrar sua falta de amor ao próximo. Tínhamos morado anos na mesma cidade pequena, desde que eu era criança. Lá todos se conheciam e se davam bom-dia na rua.

Com isso foi instaurado o processo, sob a alegação de estar "organizando partido clandestino"; fui julgada à revelia e condenada, mas o promotor, achando que tinha sido pouco, recorreu da sentença, e com isso minha cabeça ficou a prêmio. O recurso só poderia ser julgado quando eu fosse detida, e dobrava o tempo para prescrição. Quando retornamos, faltavam três meses para a prescrição total.

Os jovens de hoje, que lerem essa história, poderiam pensar: mentira, não pode ter sido assim, ninguém pode ser vítima de um processo instaurado dessa maneira. Sinal dos tempos, hoje não pode, mas naquele tempo podia. Outros nem tiveram tanta sorte, foram direto para sete palmos abaixo do chão, ou viraram cinza que o vento levou, ou mergulharam nas profundezas do oceano.

46

O que ocorreu em 1968 não é passado que virou pó ou se transformou numa paisagem distante. Tampouco pode ser revisitado como experiência, olhando apenas para os que participaram diretamente de alguns acontecimentos. Não seria suficiente.

A história de 68 foi um grito de juventude, sobretudo daquela que saiu das parcelas médias da sociedade, gente pacata do interior, que se viu compelida a lutar em praça pública pela democracia, pela justiça social e pela integração entre as várias parcelas da sociedade, mesmo sem saber absolutamente nada dos caminhos seguros e das técnicas eficientes para alcançar bons resultados, nem se poderia realmente atingir aqueles tão sonhados objetivos. Foi um momento da história política do país em que manifestar-se era crime. As pessoas que participaram tiveram talvez a oportunidade de viver o maior momento social de sua vida, saindo em grandes manifestações, gritando em plena rua pela solidariedade internacional com outros povos, pleiteando a não intervenção dos modelos norte-americanos nas reformas necessárias do sistema de ensino brasileiro, repudiando a entrada de grupos religiosos que encobriam motivações políticas, denunciando o inchaço das cidades pela falência do modelo agrário. Nós não estávamos indo às ruas para pleitear um bebedouro no corredor da escola, nem para tirar um professor ineficiente, nem para testar nossa capacidade de permanecer organizados. Não havia motivação econômica,

O TEMPO DAS ESCOLHAS

nem parcial ou particular de uma escola ou pequeno grupo. Os estudantes foram às ruas para manifestar-se politicamente. Éramos seres sociais, agindo como sociedade. A nós, estudantes, vieram juntar-se outros segmentos sociais, porque se reconheceram naquelas manifestações e viram ali o futuro, a aspiração pelo novo, o inconformismo com as propostas elitistas e ultrapassadas. Éramos uma geração vivendo a transição entre o tradicional, dominante há séculos, a sociedade ainda do modelo agrário, e a urbanização crescente. O modelo já estava falido, mas havia importantes setores que se recusavam a enxergar a industrialização iminente, numa sociedade em que havia profundas desigualdades sociais entre classes e regiões com a criação dos parques industriais, a agitação das ligas camponesas, agora já um tanto desarticuladas, o aumento crescente e assustador da população urbana, em detrimento da inexistência de infraestrura e trabalho para todos, inclusive porque se tratava de mão de obra despreparada, fugida da seca do Nordeste, da falta de serviço nas regiões mais pobres ou, até alguns, atraídos pelo canto de sereia de uma promessa de vida de abundância no Sudeste industrializado.

Éramos uma juventude que se reunia nos salões paroquiais para discutir alfabetização de adultos. Quem eram esses adultos? Os antigos moradores do Estado de São Paulo, descendentes de imigrantes, os sitiantes, os pequenos comerciantes? Nada disso. Eram os componentes do povo retirante, vindos das outras regiões. Apregoávamos, até à revelia das nossas famílias, algumas bastante preconceituosas em relação a negros e pobres, que todos éramos irmãos. Recusávamo-nos a desfrutar de um privilégio que podíamos ter com o diploma universitário sem, pelo menos uma vez, dizer nas ruas, a plenos pulmões, que sabíamos que todos éramos irmãos. Fomos uma juventude que misturou conselhos de padre jovem que falava utilizando um jargão com termos como "autenticidade", "revisão de vida", com as alegres sátiras do CPC, levadas à cena no auditório do cinema.

Imaginamos ser possível pensar em um mundo mais justo, com mais igualdade social e oportunidades para todos. Mas descobrimos que era difícil pôr em prática tais ideias. E isso foi apontado pelos reacionários de então como um grave problema, como se só pudesse enxergar o erro quem pudesse consertá-lo.

Todos os que nos manifestamos em praça pública, estudantes, trabalhadores, donas de casa, intelectuais, tínhamos uma motivação política, e era isso que dava sentido ao movimento.

Faltou enxergar a fugacidade do nosso movimento e compreender que era impossível dar caráter duradouro a um impulso coletivo, idealista, puro e praticamente espontâneo. Aquelas manifestações eram a resposta da sociedade, através de sua juventude principalmente, mas também de outros setores, ao autoritarismo do poder. Durante meses estivemos de prontidão, em estado de assembleia permanente e em manifestações nas ruas e em todo o país.

47

A memória é um bem maravilhoso. Ela nos liga a nós próprios. Somos sempre diferentes de nós mesmos e precisamos da recordação para dar a continuidade: esta pessoa de hoje, com aquela de ontem, de dez anos atrás. Alguns conseguem manter sua coerência durante a vida. Existe uma perfeita sequência unindo um fato a outro, uma época a outra, uma fase a outra. Outros parecem um saquinho de pedras de bingo, está tudo lá dentro, mas quem governa é o acaso. Se a sorte bate, sai a pedra certa e tudo fica encaixado. Se não, é preciso esperar mais um pouco. É o produto de uma memória desorganizada, fora de sequência.

Quando tomei consciência da minha situação de clandestina, inclusive clandestina de mim mesma, achei que eu era um daqueles saquinhos. Eu ia vivendo, não me queixava, pelo contrário, achava maravilhoso o simples fato de viver, e amava o acaso da chuva ou do sol. Enquanto alguém se joga do viaduto, a mãe amamenta seu filho e deposita nele a esperança no futuro.

A palavra redime. Liga-nos a nós mesmos em momentos diferentes.

Quando uma pessoa perde a memória, está, de alguma maneira, perdendo a palavra, porque se desliga do mundo, torna-se incapaz de saber qual é o seu lugar nesse mundo. Precisa de outros que lhe digam.

Doença de velhos. De alguns, não de todos. O doente pode saber o que quer no momento, pode lembrar-se da infância ou da mocidade, mas perde o meio e até o que fez no momento anterior. Incapaz de saber quem é. Um filho adulto, começando a ter os primeiros cabelos brancos, torna-se Um Senhor, a quem ele se dirige de maneira respeitosa e formal; a própria esposa, já velha, talvez menos do que ele, não é sua esposa, nem sua mãe, mas a avó. Ele se queixa dela, porque como criança não é autossuficiente. Depende dela para o banho, comida, remédios. Ele a vê como uma tirana, mandona, que não quer deixá-lo fazer o que gostaria e o obriga a comer comidas de dieta como manda a lei dos diabéticos e infartados, em vez da macarronada com bastante molho e queijo, embora seja domingo.

É uma condição de alienado. Continua sendo vida, às vezes até boa, pois ganham nessa fase o direito aos caprichos, à falta de educação, à permissividade. Dizem o que lhes vem à cabeça. Os que estão em volta desculpam tudo. Às vezes, como a uma criança, exigem que se comporte melhor, porque está magoando os parentes, principalmente aqueles que não gostam de ouvir verdades, ou chocando as visitas, com sua irreverência.

A experiência de ser empurrado para a clandestinidade por uma força incontrolável e por um tempo que não se sabe quanto durará é parecida com isso. A pessoa passa a viver uma vida que não é a sua, mas deve vivê-la plenamente, coerentemente, até para não resvalar na insanidade.

48

Falar sobre aquele período é falar de anseios, projetos, sentimentos, idealismo, dor, perda. Para quem sentiu tudo isso é difícil falar, pois é justo imaginar que o leitor queira resguardar sua privacidade. Trazer essas coisas à tona é, indiretamente, pressionar o leitor.
— De que lado você está? De que lado você esteve?
Agora não é mais o momento de ficar delimitando terreno. As delimitações não são boas, se elas obedecem ao preceito do quem parte e reparte fica com a melhor parte. É mais produtivo pensar que os acontecimentos moldaram em todos que estivemos lá experiências que carregamos para o futuro.

Muita coisa já foi dita sobre o período. Pode-se dizer, talvez, que tudo o que foi dito é verdadeiro e falso a um só tempo, porque tem a marca da parcialidade, mas isso não invalida o contar sua história.

Lembra um pouco os pais contando suas experiências de juventude aos filhos. A própria determinação de contar é em si a expressão de uma parcialidade. Estarão contando suas experiências para gabar-se de seus feitos, tenham os pais sido arteiros ou compenetrados em sua época. Ou para tentar impedir que os filhos tenham suas próprias experiências, como se dissessem: andar por determinado caminho é erro na certa, e isto sou eu que lhe digo, seu pai, sua mãe e, portanto, isto você não precisa experimentar, porque eu experimentei e sei que leva ao erro, ao sofrimento. Contar dessa maneira serve como história, como ficção, mas não como depoimento, que deverá, por seu próprio caráter, ser o mais amplo e abrangente possível. Ações e atitudes humanas não são roupas penduradas num cabide à espera de uso. Os indivíduos mudam com o tempo, assim como as sociedades e todos os seus componentes. Às vezes nem isso é preciso. As mesmas palavras postas em bocas diferentes produzem resultados opostos.

Há quem pense que o que ocorreu no Brasil em 68 foi um eco do que estava acontecendo na França. O Maio de 68 para nós teria durado um pouco mais. A juventude, sob esse ponto de vista, estaria pondo barricadas na rua e lutando pelos seus direitos de juventude. Como se estivéssemos cansados de ser um país de velhos e desejássemos mudar regras de comportamento: amor livre, liberdade sexual, consumo de drogas, proposta de vida independente, sem atrelar-se à gravata e ao contracheque no fim do mês, desejo de não mais aceitar os preceitos familiares como valores e de criar um outro tipo de família tendo por base a vida grupal, e tantas coisas mais. Quem pensa assim resume, tudo em São Paulo, à tomada da Maria Antônia e fantasia a seu bel prazer. A Maria Antônia seria uma trincheira de luta, de lá sairia a revolução dos costumes, e era preciso avisar as mães que suas filhas estavam em perigo.

Sob esse ponto de vista a juventude estaria negando e espezinhando séculos, milênios de cultura. As instituições estariam em perigo e não teria faltado quem quisesse defendê-las. A juventude seria um bloco, consciente da necessidade da ação para atingir a liberdade de pensar e realizar projetos de motivação etária. Poderia ter como hino "não confie em ninguém com mais de trinta anos".

Outros veem diferente. Aquilo não seria um movimento de juventude, mas de lideranças muito bem preparadas pelo inimigo vermelho. A juventude estaria sendo usada para objetivos escusos, seria apenas massa de manobra. Sua ação não teria, portanto, qualquer consistência. Só agitação social a ser canalizada para fins antipatrióticos. Esse quadro foi usado para justificar medidas de força de caráter institucional e ações clandestinas de porão. Hoje a lembrança daquelas coisas bárbaras repugna e incomoda.

A verdade dos fatos, no entanto, não cabe nessas interpretações.

49

A juventude não era um bloco, e os anseios da sociedade não eram os mesmos para todas as classes sociais.

A juventude daquela época achou necessário manifestar-se e as ruas e praças se encheram de gente muitas vezes, nos mais variados lugares do país, nas capitais e no interior. Terá sido menos legítima, menos organizada e menos justa a manifestação daquela época do que de outras?

A amplitude dos acontecimentos aborreceu os que não queriam ser perturbados. Mas por que assustar-se, se éramos jovens e idealistas?

A resposta a essa pergunta deve ser buscada, não nas manifestações de rua, mas nos motivos que lhes deram origem. A sociedade vivia um momento de transição, e era preciso manter afastadas todas as forças sociais que, com sua inquietação, viessem introduzir elementos questionadores dos rumos propugnados por aqueles que controlavam o processo.

50

Muitos de nós mentíamos para os pais dizendo que tínhamos passado de ano, quando na verdade a matrícula havia sido trancada meses antes. Mas não estávamos por aí em orgias de drogas, sexo e rock and roll. Estávamos alfabetizando adultos, participando de reuniões de base em sacristias de igrejas, visitando favelas ou nos reunindo com os colegas universitários e secundaristas para discutir a situação da escola brasileira e a maneira de nos opor a uma reforma do ensino que não servia para nós. Tudo isso era considerado crime na época. Todo esse potencial foi sufocado, dispersado, criminalizado. Para realizar uma reunião de diretoria de Centro Acadêmico, era preciso procurar um esconderijo; para uma reunião de UEE, era necessário todo um esquema de segurança; para um conselho de UNE, era preciso agir como autênticos clandestinos. O Congresso de UNE foi tratado como uma manifestação de guerrilha. Que mais queriam de nós? Empurraram-nos para a clandestinidade, usaram contra nós armas, cavalos e porões. Mesmo assim achávamos que devíamos continuar. Continuamos, até a dispersão total, o esfacelamento, o exílio, a solidão. Sempre havia aquele esbirro da pior qualidade, que vociferava ser mais brasileiro do que um de nós. Catalogaram-nos de terroristas, extremistas; perseguiram-nos, acuaram nossas famílias, fazendo-as se sentir covardes e mesquinhas; criaram todo tipo de constrangimento, principalmente para os pais, pessoas pacatas do interior, cidades pequenas, onde divulgavam que éramos bandidos. Puseram atrás de nós e de nossas famílias os piores, marginais, alcaguetes da pior qualidade, gente incapaz, que achou que ia auferir vantagens pessoais delatando seu próximo, já acuado e assustado. A tantos vexames nossas famílias, que antes haviam se deslumbrado com seus filhos estudiosos e esforçados, foram submetidas que já nem sabiam o que pensar e aconselhar a esses filhos, que nem para casa podiam voltar mais.

Fomos acuados, humilhados e privados de continuar no esforço de sermos o melhor possível como indivíduos e membros da sociedade. Em consequência disso, perdemos ou mal aproveitamos anos de nossas vidas, ficamos privados do convívio familiar, da presença dos amigos, do meio intelectual, da vida política, da profissão, do bem-estar. Há ainda os que foram privados da saúde e até da própria vida. Infelizmente em cima de todo aquele sacrifício, pouca coisa se construiu e as lamúrias vêm de toda parte. O que era subversão naquele tempo hoje é legítima aspiração.

É evidente que não se pode pensar a juventude da época como um ou vários partidos políticos. Estes eram apenas agremiações que mal continham os jovens. Além do mais, nem todos eram filiados a partidos políticos.

O país vivia uma fase de precária representatividade política. Parcelas significativas da população, basicamente intelectuais e certas áreas empresariais, não reconheciam representatividade nos partidos oficiais e desejavam formas de organização mais coerentes com seus anseios.

O país era ainda predominantemente agrário, mas o processo de expulsão do homem do campo para a cidade gerava expectativas alarmantes. O analfabetismo era alto e a pobreza estava, aos poucos, vendo o canavial chegar até a porta da cozinha.

Foi-se gerando entre nós, que tínhamos vindo do interior, a percepção da perversidade daquele processo, pois muitas cidades eram já apenas cidades-dormitório, e os caminhões de boias-frias trafegavam, ainda escuro, carregando famílias inteiras, sem a menor segurança, para o corte da cana. Era gente que tinha trabalho durante metade do ano apenas. No resto do tempo, perambulavam pelas cidades; quando saqueavam armazéns em busca do que pôr na boca dos filhos, eram rechaçados de forma violenta, por agressão à propriedade privada.

Muitas parcelas sociais, excessivamente aferradas às suas experiências particulares, não compreendiam o fenômeno social iminente. Pensavam que bastava considerar a pobreza como gente vagabunda, malfeitores, bandidos: eu comecei do nada, trabalhar ninguém mais quer. Outros propugnavam pela filantropia: davam roupas usadas de presente ou um prato de comida a quem tinha vindo em busca de trabalho.

Olhávamos assustados para a situação do povo em cada lugar.

— Professor, vou deixar o curso de grego. Não posso continuar estudando grego.

— Por que vai fazer isso? Você vai indo bem. Poucos alunos se interessam pela matéria, e o Departamento precisa de gente. Os que ficarem terão boas oportunidades.

Oportunidades. Eu tinha ido para São Paulo em busca de oportunidades, que a minha cidade não tinha para me dar. Agora a oportunidade estava ali e eu já não podia aceitá-la.

Estava me debatendo entre seguir o destino em busca do futuro desejado e planejado dia após dia, com tanto esforço e sacrifício, e escutar a minha consciência.

    Estudar grego me tomava muito tempo, mas era mais do que isso. Parecia incoerente continuar desejando a erudição naquele momento. O analfabetismo e a pobreza estavam por toda parte. Era preciso dar instrução e consciência política ao povo. O homem estava sendo expulso do campo para a cidade por uma relação de trabalho perversa. Ninguém devia ficar alheio àquela situação.

    O Método Paulo Freire orientou a alfabetização de adultos. Os que se dedicaram a esse trabalho não auferiam qualquer vantagem pessoal com ele. Pelo contrário. Perdiam aulas, horas de estudo, fins de semana, noites. Era um trabalho intensivo, às vezes organizado pelo próprio Centro Acadêmico, e executado, em geral, por bons alunos, motivados pelo desejo de repartir com os menos favorecidos um pouco daquilo que sabiam. Não tinham remuneração, ajuda de custo, bolsa-trabalho. Pagavam a própria condução ou iam de bicicleta. Muitas vezes perdiam a hora do jantar no bandejão e o dinheiro não era suficiente para comer em outra parte. Mentiam para a família sobre seu rendimento escolar, pois não era fácil levar com responsabilidade duas tarefas tão pesadas tendo até menos de vinte anos. Além do mais, esse trabalho tinha de ser feito escondido, pois era subversivo alfabetizar pessoas e derrubar sobre elas alguns gramas de idealismo.

    Evidentemente nem todos os estudantes passaram por esse processo, e nem mesmo todos os líderes. A maioria frequentava as aulas, se havia aulas, ou ficava em casa, se havia greve.

    Havia grupos que faziam alfabetização de adultos, grupos de teatro, gente que dava palestras, os que se dedicavam à organização dos próprios estudantes nas agremiações estudantis.

    O ensino passava por um período de crise, equilibrando-se entre as motivações que haviam dado origem à Escola, no século anterior, e as premências de uma sociedade ansiosa pelo progresso e modernização.

A escola tradicional brasileira era insuficiente e inadequada para atender às demandas da sociedade. O parque industrial ampliava-se. Precisávamos de uma escola adaptada aos tempos.

Por outro lado, havia a herança cultural dos processos produtivos familiares a serem preservados e incentivados como solução econômica para significativas parcelas sociais: a máquina de arroz e de café, a funilaria, a marcenaria, a sorveteria da esquina, enfim a pequena indústria, praticamente artesanal, que ia de pai para filho, e todos conheciam e respeitavam nas cidades do interior, de onde vínhamos muitos de nós. O processo mais acelerado de industrialização e a presença estrangeira nos deixavam assustados. Achávamos que era tempo de valorizar nossa própria cultura e aprofundar nosso potencial como uma nação cujo povo possuía variedade e riqueza de manifestações.

Essas e outras ideias foram consideradas perigosas.

51

Ligando-nos a nós mesmos e ao nosso contexto social, a memória nos abre as portas para compreender o tempo e o espaço em que vivemos. A memória é palavra arquivada. Quando é solta, pode promover a libertação e permitir compreender momentos essenciais das vivências humanas.

68 está em um desses momentos. Permanece na memória dos que lá estiveram, e se desdobra em múltiplos significados, mas há um que se destaca claramente dos outros: o desejo de liberdade, culminando em um processo de intensa criatividade em expressões múltiplas. Eram o presente e o passado chocando-se de frente na grande metrópole; era o futuro prenunciando-se pleno de promessas para todos os que ansiavam por horizontes mais amplos; era a certeza de que o país já não podia ser o mesmo de ontem. Nós estávamos entrando em cena e pedíamos a palavra.

1 – **Congresso de Ibiúna (SP)**
O XXX°. Congresso da UNE foi convocado para outubro de 1968 e deveria eleger a nova diretoria da entidade estudantil. Realizado clandestinamente, foi descoberto pela polícia, o que redundou na maior prisão em massa da história do Brasil.

2 – **UNE – União Nacional dos Estudantes**
Organização da sociedade civil brasileira, fundada em 1937, época em que vigorava a ditadura do Estado Novo. Marcou presença nos principais fatos políticos, sociais e culturais do Brasil.

3 – **Luís Gonzaga Travassos da Rosa (1945-1982)**
Militante da Ação Popular, presidiu a UEE de São Paulo e a UNE. Preso em Ibiúna, em outubro de 1968, seguiu para o exílio em Cuba e na Alemanha, voltando ao Brasil em 1981.

4 – **DOPS (Departamento de Ordem Política e Social)**
Órgão do governo brasileiro criado durante o Estado Novo, cujo objetivo era controlar e reprimir movimentos políticos e sociais contrários ao regime no poder.

5 – **Presídio Tiradentes**
Local de detenção e repressão aos primeiros opositores do regime militar; foi demolido em 1972 em função da construção da estação Tiradentes do metrô.

6 – **Carandiru**
Ou Casa de Detenção de São Paulo, era um complexo penitenciário situado no bairro do Carandiru. Ganhou o título de maior presídio da América Latina. O Presídio começou a ser desativado em 2002, dez anos depois do massacre policial no qual morreram 111 presos.

7 – **Augusto Pinochet (1915-2006)**
Ditador chileno que governou o Chile entre os anos de 1973 e 1990. Pinochet tinha 58 anos ao liderar o golpe militar contra o presidente eleito Salvador Allende. Ficou no poder 17 anos, período no qual impôs uma feroz ditadura e cometeu crimes como genocídio, tortura, fuzilamentos e desaparecimento de cerca de 3.197 vítimas. Morreu no dia 10/12/2006, aos 91 anos.

8 – **Peace Corps**
Corporação de voluntários fundada em 1961 pelo presidente norte-americano John F. Kennedy, com o objetivo de promover um melhor entendimento mútuo entre americanos e cidadãos de outros países, incluindo o Brasil. No entanto, não se pode deixar de considerar a ingerência norte-americana no Sudeste da Ásia e na América Latina. Para os estudantes dos idos de 1968, o Peace Corps estava a serviço do imperialismo norte-americano.

9 – **Sérgio Fernando Paranhos Fleury Filho (1933-1979)**
Delegado do DOPS, famoso por sua truculência, comandou a operação que matou Carlos Marighela, em 4 de novembro de 1969, em São Paulo.

10 – **Maiakovski (1893-1930)**
Poeta russo que mais se expressou nas décadas que se seguiram à Revolução de Outubro, Maiakovski aliou à ideologia revolucionária um conteúdo de renovação social. Perseguido pela ditadura stalinista, suicidou-se em 1930.

11 – **Morte e vida severina**
Obra do poeta pernambucano João Cabral de Melo Neto (1920-
-1999) que tem como base o romanceiro popular e a literatura de

cordel. Escrito em 1954/55, foi musicado por Chico Buarque, na década seguinte, numa aclamada adaptação para o teatro.

12 – **Ilha das Cobras**
Presídio localizado no interior da baía de Guanabara, no Rio de Janeiro. Hoje está sob responsabilidade da Marinha de Guerra do Brasil.

13 – **DOI-CODI (Departamento de Operações de Informações – Centro de Operações de Defesa Interna)**
Órgão de inteligência e repressão do governo brasileiro durante o regime inaugurado com o golpe militar de 31 de março de 1964.

14 – **Guerrilha do Araguaia**
Movimento guerrilheiro ao longo do rio Araguaia, entre fins da década de 1960 e a primeira metade da década de 1970. Tinha por objetivo fomentar uma revolução socialista, a ser iniciada no campo, com base nas experiências exitosas da Revolução Cubana e da Revolução Chinesa.

15 – **"Brasil, ame-o ou deixe-o"**
Slogan ufanista criado pelo governo Garrastazu Médici (1905- 1985) no início dos anos 1970, dirigido aos opositores do regime militar.

16 – **Salvador Allende (1908-1973)**
Primeiro chefe de estado socialista eleito democraticamente na América Latina. Seu governo foi interrompido pelo golpe militar comandado por Augusto Pinochet.

17 – **Carlos Lamarca (1937-1971)**
Militante revolucionário, líder da VPR (Vanguarda Popular Revolucionária).
Após refugiar-se no interior da Bahia, foi assassinado no dia 17/09/1971 pelo exército brasileiro.

18 – **Carlos Marighella (1911-1969)**
Fundador e dirigente nacional da Ação Libertadora Nacional (ALN). Iniciou sua militância no Partido Comunista Brasileiro

(PCB). Foi assassinado, em São Paulo, numa operação comandada pelo delegado Fleury, em 1969.

19 – **José Roberto Arantes de Almeida (1943-1971)**
Militante do movimento de libertação popular (MOLIPO). Foi indiciado no inquérito que apurava atividade política dos participantes do XXX° Congresso da UNE, em Ibiúna (SP). Morreu fuzilado por agentes da equipe do DOI/CODI-SP, que cercaram sua casa em São Paulo.

20 – **Helenira Resende de Souza Nazareth (1944-1972)**
Ativista política, natural de Cerqueira César, SP. Ainda estudante secundarista foi eleita presidente do grêmio de sua escola. Ingressou no curso de Letras da Faculdade de Filosofia, Ciências e Letras da Universidade de São Paulo e trabalhava como professora. Em 1968 era vice-presidente da UNE e foi presa no Congresso de Ibiúna. Participou da Guerrilha do Araguaia, tendo sido assassinada a golpes de baioneta durante o regime militar.

21 – **Honestino Monteiro Guimarães (1947-1973)**
Militante da APML Brasil (Ação Popular Marxista-Leninista), foi preso no Pelotão de Investigações Criminais (PIC) de Brasília e no Centro de Informações da Marinha (CENIMAR) e assassinado nos porões da ditadura. Sua morte não foi reconhecida oficialmente. Consta em documentos que está desaparecido desde 1973.

22 – **José Carlos Novaes Matta Machado (1946-1973)**
Militante da AP (Ação Popular Brasil) e da APML (Ação Popular Marxista-Leninista), foi morto no dia 28/10/1973, em Recife, pelo DOI/CODI-PE. Segundo a versão oficial, divulgada no dia 31/10/73, ele morreu devido a tiros disparados por um companheiro.

23 – **Gildo Macedo Lacerda (1949-1973)**
Ativista da AP (Ação Popular Brasil) e da APML (Ação Popular Marxista-Leninista), foi assassinado no dia 01/11/1973. Conforme dados levantados sobre o período, foi morto sob torturas.

24 – **Padre Donizetti Tavares de Lima (1882-1961)**
Famoso por seus milagres, conhecido em todo Brasil e no exterior como o Taumaturgo de Tambaú, SP, Padre Donizetti foi, na década de 1950, responsável pela multidão que afluía a esta cidade paulista, em busca de alento para seus males.

25 – **Anistia**
A anistia é o ato pelo qual o poder legislativo, declara impuníveis, por motivo de utilidade social, todos que perpetraram delitos, em geral políticos. Por pressão da sociedade, foi assinada, em 1979, a Lei da Anistia, que devolvia direitos a perseguidos políticos e, ao mesmo tempo, isentava os torturadores a serviço do regime vigente.

26 – **"O hábito de sofrer (que tanto me diverte) / É (doce) herança desse Tempo".** (paráfrase)
Trecho do poema *Confidência do itabirano*, de Carlos Drummond de Andrade (1902-1987).

27 – **Ernesto Geisel (1907-1996)**
General e político brasileiro, o quarto presidente do regime militar instaurado pelo golpe militar de 1964. Pressionado pela opinião pública, iniciou o processo de abertura política, que redundou na Lei da Anistia, promulgada no governo Figueiredo.

28 – **João Baptista Oliveira Figueiredo (1918-1999)**
Nascido no Rio de Janeiro, Figueiredo foi secretário Geral do Conselho de Segurança Nacional durante o governo de Jânio Quadros. Participou do movimento que originou o golpe de 1964, que depôs o presidente João Goulart. Foi o último presidente militar e governou o Brasil entre 1979 e 1985.

29 – **CPC (Centro Popular de Cultura)**
Criado em 1961, no Rio de Janeiro, ligado à UNE, o CPC reunia artes de diversas procedências, na tentativa de construção de uma cultura nacional, popular e democrática.

30 – **Método Paulo Freire**
Método de trabalho criado pelo grande educador pernambucano Paulo Freire (1921-1997) na área da educação popular, voltado para a escolarização e a formação da consciência. Influenciou o movimento chamado pedagogia crítica.

31 – **Milagre econômico**
Denominação dada à época de excepcional crescimento econômico ocorrido durante a ditadura militar, no governo Médici, início dos anos 1970. O período foi satirizado por Raul Seixas na música *Ouro de tolo* (1973).